ROLF KRENZER
LUDGER EDELKÖTTER

MIT KINDERN
UNSERE UMWELT SCHÜTZEN

Ein Lese-Lieder-Arbeitsbuch
für Kinder und Erwachsene,
die unsere Umwelt
schützen und erhalten wollen

IMPULSE-Musikverlag Ludger Edelkötter, 4406 Drensteinfurt

CIP-Titelaufnahme der Deutschen Bibliothek
Edelkötter, Ludger / Krenzer, Rolf
Mit Kindern unsere Umwelt schützen

ISBN 3-980-1336-1-3

© *IMPULSE*-Musikverlag Ludger Edelkötter, 4406 Drensteinfurt
5. Auflage 1990
unter Mitarbeit von:
Uwe Baumann, Tina Haller,
Angelika Roth-Kaltenbacher
und Wolfgang Poeplau
Zeichnungen: Dagmar Domina, Dillenburg
Umschlaggestaltung: Klaus-Peter Hüning
Notengrafik: Inge Renvert, Drensteinfurt
Herausgeber: Irmchen und Ludger Edelkötter
Druck und Bindung: Ebner Ulm

Die Lieder dieses Buches sind als **Musikkassetten Teil 1 + Teil 2** (mit Gesang) oder als **Playback-Musikkassetten** (Instrumental-Aufnahmen zum Mitsingen) erhältlich.

Inhaltsverzeichnis:

	Seite
Ist das Thema Umweltschutz ein Thema für Kinder?	2– 3
Ansätze für das gemeinsame Tun mit Kindern	4– 7
Zielsetzungen	7– 8
Fahrradsong	11– 12
Das Lied von der Müllabfuhr	13– 14
Manuel aus Mexiko-City	15– 16
Hunger in der Welt	17– 18
Meine Gulli-Pulli-Müllmaschine	19– 22
Kinderflohmarkt	23– 24
Ein lohnendes Geschäft	25– 27
Ruckedigah-Ruckediguh	28– 30
Rock-Konzert im Bauernhof	31– 34
Ein Märchen als Rätselpantomime	35– 38
Müll	39– 42
Tills ganz moderne Oma	43– 44
Laßt mir meinen Kletterbaum	45– 47
Vogelnest im Apfelbaum	48– 50
Herrn Hoffmanns Hut	51– 52
Was wächst in deinem Garten	53– 55
Hans, mein Igel	56– 59
Tiere entdecken	60– 62
Die Sache mit der Schultasche	63– 67
Wasserspiele	68– 70
Mülltauschlied	71– 72
Getauscht ist getauscht	73– 74
Ich und du, Müllers Kuh	75
Der Werner mit der blauen Krähe	76
Die Spinne spinnt	77– 78
Spinnlein, Spinnlein, Spinnebein	79– 80
Geschichten von Kindern und Tieren	81
Mein Einkaufskorb	82– 86
In unserm Wald, da haben sie gehaust	87– 89

Seite

Die Versammlung im Walde . . . . 90— 91

Der Lumpensammler Kasimir . . . . 92— 93

Alois der Alufresser . . . . 94— 96

Entschuldigungslied für Friederich, den Fisch . . . . . . 97—100

Aus dem Nest gefallen . . . . 101—103

Der kleine Buchfink . . . . 104—105

Der Vogel, der aus dem Nest fiel . . . . 106—110

Noch ist Zeit 111

Am Rande eines Weges 112

Sieben Blumen . . . . 113—115

Michaels Zaubergarten 116

Lied vom kranken Feldmäuschen . . . . 117—118

Unser Baum . . . . 119—126

Anregungen für Basteleien . . . . 127—134

Alphabetisches Liederverzeichnis:

	Seite
Alois, der Alufresser	94
Aus dem Nest gefallen	101
Bäume sterben leise (s. NOCH IST ZEIT)	
Das Lied von der Müllabfuhr	13
Der Lumpensammler Kasimir	92
Die Spinne spinnt	77
Entschuldigungslied für Friederich, den Fisch	97
Fahrradsong	11
Hans, mein Igel	56
Ich und du, Müllers Kuh (Tanz-Kanon)	75
In unserm Wald, da haben sie gehaust	87
Kinderflohmarkt	23
Laßt mir meinen Kletterbaum	45
Lied vom kranken Feldmäuschen	117
Mein Einkaufskorb	82
Meine Gulli-Pulli-Müllmaschine	19
Müll	39
Mülltauschlied	71
Noch ist Zeit (Kanon)	111
Rock-Konzert im Bauernhof	31
Ruckedigah-Ruckediguh	28
Sieben Blumen	113
Spinnlein, Spinnlein, Spinnebein	79
Tiere entdecken	60
Unser Baum	119
Versuch's noch mal!	108
Vogelnest im Apfelbaum	48
Wasserspiele	68
Was tun wir so gerne	107
Was wächst in deinem Garten	53
Wir freuen uns	108

Einführung

Ist das Thema Umweltschutz ein Thema für Kinder?

Umweltverschmutzung – dieses Wort hat sich fest im alltäglichen Sprachschatz von Tagespresse, Rundfunk und Fernsehen eingebürgert. Oft wird der Blick aus den daraus resultierenden Fragestellungen vorwiegend auf die Industrie und deren Verantwortung für die Verschmutzung und auf die Politiker als Verantwortliche für die Lösung gerichtet.

Es ist jedoch sicherlich zu leicht und zu einfach, die Verantwortung für Ursachen und deren Behebung so abzuwälzen. Jeder Mensch ist zur Auseinandersetzung mit diesem Thema gefordert. Seine alltäglichen Verhaltensweisen sind mit angefragt.

Durch Unachtsamkeit oder Unwissenheit tragen noch zu viele Menschen, Kinder und Erwachsene, zu einer gefährlichen, für uns tödlichen Summierung von Fehlverhalten bei.

„Wir gehen heute mit dieser Erde um, als hätten wir noch eine zweite in der Tasche" – und gefährden so im Jetzt die Welt unserer Kinder für das Morgen. Wir entziehen ihnen bewußt Lebensgrundlagen. (s. Tagespresse)

Kinder werden unsere nur auf den Moment schauenden und keineswegs gut vorausblickenden Verhaltensweisen unreflektiert übernehmen. Sie werden eine „Kultur der Zerstörung" fortsetzen, wenn Vorbilder wie Eltern, Erzieher, Lehrer, überhaupt alle Erwachsenen, weiterhin unbedacht, bewußt oder unbewußt umweltzerstörende Verhaltensweisen zeigen.

Wir meinen, Kinder könnten einen Beitrag zum Thema „Umweltschutz" leisten, wenn wir ihnen Chancen zum Kennenlernen, Annehmen und Vertrautmachen mit den richtigen Verhaltensweisen anbieten und vorleben.

Wichtig für die Betrachtungen zum Umweltschutz ist eine vorausgegangene Sensibilisierung für die Umwelt, eine Entwicklung und liebevolle Schärfung der Sinne hin zum bewußten Hören, Sehen, Riechen, Schmecken und Fühlen, d. h. die Augen öffnen für all die vielfältigen Schönheiten dieses Geschenkes Natur. Ein Kind wird mit größter Betroffenheit reagieren, wenn es spürt, daß unserer Natur und hier z. B. ihm bekannten Lebewesen, Leidvolles angetan wird. Es wird selbst Schmerz empfinden, wenn es z. B. einen toten Fisch mit dem Bauch nach oben im Wasser schwimmen sieht. Es wird nicht verstehen und verstehen wollen, warum das so ist und daß niemand etwas dagegen unternimmt.

Dieser Fähigkeit der achtenden Bewunderung, des Staunens und Mitfühlens, sind Grunderfahrungen und -erlebnisse. Sie ermöglichen die notwendige nachfolgende, intensive Erarbeitung des breiten Themas Natur- und Umweltschutz. Aus diesem Bewußtsein der Bewunderung heraus lebend wird der Mensch bewußt in sein ganzes Tun, Denken und Handeln das Wissen um die Schutzbedürftigkeit von Natur und Umwelt miteinbeziehen. Er wird auf die Erde und ihre Geschöpfe achtgeben, deren auf sie angewiesener Teil er ja letztlich selber ist. Diese wertvolle Fähigkeit Kindern zu vermitteln, wird zur Aufgabe für Elternhaus, Kindergarten und Schule. Das heißt: Um Kinder zu umweltbewußten Menschen zu erziehen, ist der Erwachsene ein gutes Vorbild und konsequente Haltung eine wichtige Voraussetzung. Dies beinhaltet mit, daß er sich sachkundig macht, die Problematik Umweltschutz kennenlernt, sich informiert über Gefahren, Schwierigkeiten, aber auch mögliche Lösungswege.

Wichtige Problembereiche der Umweltverschmutzung bzw. des Umweltschutzes sind:
- Hausmüll
- Luftverschmutzung
- Wasserverschmutzung
- Bodenverseuchung

Ansätze für das gemeinsame Tun mit Kindern

Wenig greifbar zur praktischen Anwendung wird für Kinder der Komplex der Luft-, Wasser- und Bodenverschmutzung sein. In Experimenten im Kindergarten und in der Schule sowie zu Hause lassen sich wissenswerte Zusammenhänge vermitteln, die als Information für die Bewertung von Handlungsweisen und Zielformulierungen wichtig sind. Im Gegensatz zu Erwachsenen kann das Kind aber in der Gesellschaft zur Lösung der Fragen aus diesem Problembereich nicht politisch aktiv werden oder sich in verschiedenen Organisationen dafür einsetzen.

Was dann?

Schauen wir uns einmal den Lebensbereich unserer ansprechbaren Kinder an. Das sind: Elternhaus, Kindergarten, Schule, Spielplatz, Wald, Wiesen, Straßen, also die nächste Umgebung. Hier fällt ständig das an, was verstärkt zum Thema für Kinder werden kann: MÜLL. Kinder kommen tagtäglich mit Müll in Berührung. Hier ist die Chance zum Aktivwerden, zum gemeinsamen Tun. Hier kann ein Kind seinen ureigenen Beitrag in unserer Gesellschaft zum Thema Umweltschutz beginnen. Es ist ein durchaus wichtiger Beitrag angesichts der Tatsache der ständig fortschreitenden Rohstoffverknappung und der Probleme der Lagerung des riesigen Müllaufkommens.

MÜLL wird damit zum Schwerpunktthema in der Arbeit mit Kindern. Eltern und Pädagogen bieten Kindern den richtigen Umgang mit diesem Müll an. Sie geben die richtigen Informationen entsprechend an die Kinder weiter, laden sie auf vielfältige Weise zur Umsetzung ein und tragen so zu der Bildung einer sehr positiven Verhaltensweise bei.

(Tina Haller / Angelika Roth-Kaltenbacher / Uwe Baumann)

4

Jeder Bundesbürger produziert pro Jahr ca. 300-400 kg Hausmüll, eine Familie mit 3 Personen also 1200 kg!!! Heute enthält jede Mülltonne große Mengen an Rohstoffen, die wiederverwertet werden können. Wir können es uns nicht mehr lange leisten, diese Rohstoffe zu verschleudern. Viele Vorräte sind nur noch begrenzt vorhanden oder können nur durch enorme Zerstörung und Ausbeutung der Natur zur Verarbeitung zur Verfügung gestellt werden. Das Thema „Wiederverwertung" (Recycling) gewinnt daher immer mehr an Bedeutung.

Recyclingverfahren verringern zudem das Müllvolumen, so daß Natur und Landschaft durch die geringere Endlagerungskapazität weniger in Mitleidenschaft gezogen werden.

Wie könnten, wie sollten wir besser mit unserem Müll umgehen:

30 % Küchen- und Gartenabfälle
Jeder Gartenbesitzer oder Bauer freut sich über Garten- oder Küchenabfälle. Dieser Abfall läßt sich in wertvollen Kompost verwandeln. Wirklich nicht vermeidbare Küchenabfälle lassen sich als Tierfutter verwerten. (2 Mülleimer in der Küche: wiederverwertbarer Müll – auch für die Mülltonne)

27 % Papier und Pappe
Anfallendes Papier und Pappe kann zu den regelmäßigen Altpapiersammlungen oder zu einem Altpapierhändler gebracht werden. Auf diesem Weg wird aus Altpapier im Recyclingverfahren wieder Papier hergestellt. Wasserenergie und der wertvolle Rohstoff Holz werden so eingespart. Dadurch wird auch eine leidige Papierverbrennung vermieden, die unsere Luft mit Schadstoffen anreichert.

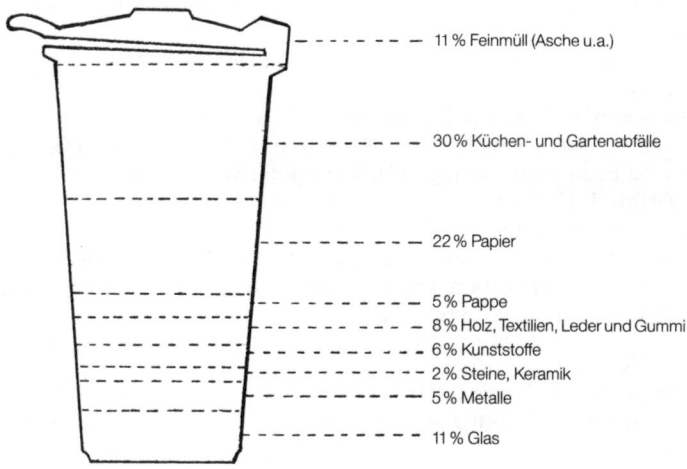

- 11 % Feinmüll (Asche u.a.)
- 30 % Küchen- und Gartenabfälle
- 22 % Papier
- 5 % Pappe
- 8 % Holz, Textilien, Leder und Gummi
- 6 % Kunststoffe
- 2 % Steine, Keramik
- 5 % Metalle
- 11 % Glas

Wie aus der Grafik ersichtlich ist, gehören lediglich 11 % der Mülltonneninhalte auch dorthin. 89 % können andere Wege gehen.

Beim zukünftigen Einkaufen sollten wir besonders darauf achten, daß unnötige Verpackungsmaterialien vermieden werden. Es sollten gezielt Waren und Hersteller bevorzugt werden, die ohne aufwendige Verpackung auskommen.

8 % Holz, Textilien

Altholz läßt sich aufbereiten.
So werden z. B. Späne produziert, die zum Herstellen von Wärme- und Schalldämmplatten sowie für Fassadenverkleidung verwendet werden können.
So manches ältere Kleidungs- oder Möbelstück muß gar nicht weggeworfen werden. Eine entsprechende Aufbereitung läßt oftmals nutzvoll Neues und Schönes entstehen.
Auf diese Weise werden Waldbestände geschont und Werkstoffe erhalten.

Textilien lassen sich am besten über caritative Altkleidersammlungen wiederverwerten.
Sind sie für diesen Weg nicht mehr geeignet, können wir sie zum Textilrecycling geben. Dort werden Putzlappen und dergleichen hergestellt.
Zur Wiederverwertung genügt manchesmal auch schon ein Flicken, um z. B. eine schöne Toll- und Spielhose für Kinder daraus entstehen zu lassen. Über Kindersachen freut sich sicherlich das noch kleinere Nachbarkind.

6 % Kunststoffe

Der größte Teil der Kunststoffe kann nicht weiterverwertet werden. Deshalb sollten wir bereits beim Einkauf Kunststoffverpackungen meiden.
Die leider übliche Plastiktasche läßt sich ohnehin sehr gut durch eine handwerklich kunstvoll gestaltete Einkaufstasche oder durch einen Weidenkorb ersetzen.

11 % Glas

Glas zeichnet sich vor allem durch seine schwere Verrottbarkeit und sein Gewicht aus.
Im Glas steckt ein hoher potentieller Energiewert. Es läßt sich gut einschmelzen und wiederverwerten.
Glas sammeln entlastet die Müllabfuhr und spart Energie.
Glascontainer für Altglas finden wir heute in fast jeder Ortschaft. Viele Landkreise und Bezirksverwaltungen bieten mittlerweile auch schon eine hauseigene „Grüne Tonne" an. In dieser werden alle wiederverwertbaren Abfälle gesammelt und gesondert von der Müllabfuhr geleert.
Beim Einkauf sollten wir bereits darauf achten, daß wir anstatt Einwegflaschen Mehrwegflaschen erwerben. Diese werden gereinigt und wieder abgefüllt. So wird das Problem an der Wurzel angepackt.

5 % Metalle

Größere Metallabfälle wie Küchenmaschinen, alte Rasenmäher oder gar Autos können zum Schrotthändler gebracht werden. Diese finden wir in jeder größeren Stadt.
Besonderer Augenmerk muß hier auch auf den Rohstoff Aluminium geworfen werden. Aluminium ist in der Wiederverwertung außerordentlich energieeinsparend. Für „Alu„ gibt es besondere Alu-Sammelstellen.

Gesammelt werden dort:
Alufolie, Joghurtdeckel, Getränke- und Konservendosen ohne Naht, Tuben von Nahrungs- und Pflegemitteln, Einweggeschirre, Portionsdosen von Konfitüren, ausrangierte Pfannen, Fahrrad- und Autofelgen, Wasserkessel, Backformen.

Sondermüll
Arzneimittel geben wir in die Apotheke zurück.
Batterien kommen zum Händler, Autobatterien und Altöl können wir an Tankstellen abgeben.
Knopfzellen aus Fotoapparat, Taschenrechner oder Uhr sind wiederverwertbar und sollten ebenfalls dem Händler gebracht werden. Über Altreifen freut sich der Reifenhändler. Chemikalien wie Lacke, Lösungsmittel, Abbeizmittel oder fotomechanische Materialien bewahren wir auf bis zur nächsten Sondermüllsammelaktion. Viele Gemeinden und Städte haben hier auch bereits ständige Sammelstellen eingerichtet.

Die unter dem Bereich Sondermüll aufgelisteten Dinge dürfen auf *keinen Fall* zum normalen Müll, da sie über das Grundwasser Mensch, Tier und Pflanzen enorm gefährden.

Zielsetzungen

- Die Kinder sollen erkennen, daß die Natur für Menschen und Tiere etwas Lebensnotwendiges und Schönes ist. Die Umweltverschmutzung bedroht Menschen, Tiere und Pflanzen. Sie zerstört den Kreislauf der Natur.

- Kinder sollen auf Dinge, die unsere Umwelt belasten, aufmerksam gemacht werden (besonders auf solche, die aus dem Lebensbereich der Kinder kommen).

- Erfahrungsbereich für Kinder kann hier insbesondere das Thema Müll sein.

- Im Haushalt sammelt sich viel Müll an.
  Den Kindern soll aufgezeigt werden, was damit geschieht.
  Der Weg vom Müll zum Mülleimer zur Müllhalde oder der Wiederverwertung soll für Kinder erfahrbar gemacht werden.

- Müll besteht aus vielen Elementen
  Für Kinder ist es wichtig, die einzelnen Müllelemente wie Glas, Papier, Plastik etc. zu unterscheiden. So werden sie befähigt, selbst Müll richtig zu trennen.

- Anhand der verschiedenen Müllelemente sollen die Kinder differenzieren zwischen
  - Müll, der wiederverwertet werden kann
  - und Müll, der vernichtet werden muß.

  Dazu bedarf es der Grundvoraussetzung des Wissens der Kinder, welche Möglichkeiten es zur Wiederverwertung und Wiederverarbeitung von Müll gibt.

- Durch die erfahrene Wissenserweiterung im Bereich des Themas „Müll" werden Kinder dazu aufgefordert und eingeladen, selbst auch verantwortungsbewußter mit ihrem eigenen Abfall umzugehen.

- Die Kinder sollen die Erfahrung machen, daß sie selbst Müll auch wiederverwerten können.

  Im kreativen und gestalterischen Bereich ist Müll als sogenanntes wertfreies Material sehr gut einsetzbar (wertfreie = Werte sind freigesetzt zur Wiederaufnahme). Durch das Gestalten mit wertfreiem Material wird bei Kindern gleichzeitig Phantasie und Kreativität gefördert.

- Das Thema Umweltschutz spricht Kinder ganzheitlich an. Die Elemente des Sehens, Hörens, Riechens, Schmeckens und Fühlens werden ergänzt durch die Möglichkeit des eigenen Mitanpackens, des eigenen Mittuns.

  Den Kindern soll aufgezeigt werden, daß jeder einen Beitrag zum Thema Umweltschutz leisten kann.

  Durch das praktische Mittun der Kinder werden notwendige Verhaltensweisen in ihr Leben von ihnen von klein an selbst eingebaut und somit zur Selbstverständlichkeit.

- Im Laufe eines Projektes „Umweltschutz" machen Kinder vielfältige Erfahrungen. Ein wichtiges Ziel ist es dann, daß Kinder ihr Wissen und ihre Erfahrungen an andere Kinder und Erwachsene weitergeben können.

  Im Laufe der Arbeit mit Kindern zu diesem Thema sollen gemeinsame Regeln für zu Hause, für die Schule oder den Kindergarten gefunden werden, die das zukünftige bessere Umweltverhalten bestimmen.

- Was für Erwachsene oft als lästige Pflicht erscheint, ist gerade für Kinder mit Freude und Spaß verbunden. Das Sammeln und Trennen von Müll kommt so z. B. dem natürlichen Sammeltrieb der Kinder entgegen.

  Die spielerische Freude an solchem Tun sollte unterstützt und gefördert werden.

- Im Zeitalter der Wegwerfgesellschaft mit ihren Problemen ist es ein gutes Ziel, mit den Kindern dieser Tendenz entgegen zu wirken.

- Das Umweltverhalten der Kinder und Erwachsenen soll sich positiv verändern. Eine konsequente Weiterführung dieses Themenbereiches bis hin zu einer positiv veränderten Lebenshaltung ist anzustreben.

(Tina Haller / Angelika Roth-Kaltenbacher)

8

Lieder

Geschichten

Spielanleitungen

Aktionsvorschläge

Fahrradsong

Alle Rechte beim *IMPULSE*-Musikverlag   4406 Drensteinfurt

Text: Rolf Krenzer   Musik: Ludger Edelkötter

Refrain

Klinge-lin-geling, kling, kling   Radfahren macht Spaß

Klinge-lin-ge-ling, kling, kling, da erlebst du was

da erlebst du was. 1. Wir brauchen nicht zu tanken, kein

Öl und kein Benzin. Und wollen wir zum Spielplatz, bringt

uns das Fahrrad   hin, hin, hin, hin.

(Refrain da capo)

11

2. Wir fahren schnell und leise.
Kein Lärm und kein Gestank.
Wir treten die Pedale.
Das hält uns fit und
schlank, schlank, schlank, schlank.

(Zwischenruf: Mitten
durch die Pfütze!)

3. Kein Motor und kein Auspuff.
Wenn man das Rad benutzt,
dann wird auch unsre Umwelt
vom Fahrrad nicht ver-
schmutzt, schmutzt, schmutzt, schmutzt.

(Zwischenruf: Achtung!
Bordsteinkante!)

4. Heute morgen sagt mein Vater:
Ich laß das Auto stehn
und nehme mir mein Fahrrad
und fahr' mit Tempo
zehn, zehn, zehn, zehn!"

(Zwischenruf: Das ist
wirklich Spitze!)

(Zwischenruf: Vorsicht!
Sonntagsfahrer!)

Spielanleitung

*Zum Refrain bilden wir drei Kreise und fahren hintereinander mit unseren
Fahrrädern, die wir pantomimisch darstellen (Pedale treten, Hände an den
Lenker, Klingel usw.), im Kreis herum. Der äußere und der innere Kreis fahren in einer Richtung, der mittlere entgegengesetzt.*
*Zu den Strophen verlassen wir den Kreis, fahren durcheinander, winken
einander zu usw., treffen uns aber jeweils zum Refrain wieder in dem Kreis
und fahren in der vorgegebenen Richtung hintereinander.*

Rolf Krenzer

Das Lied von der Müllabfuhr

Alle Rechte beim *IMPULSE*-Musikverlag   4406 Drensteinfurt

Text: Rolf Krenzer Musik: Ludger Edelkötter

Vers

1. Die Müll-con-tai-ner stehn vorm Haus. Der

Müllmann leert sie alle aus. Für

uns ist das bequem und an-ge-nehm.

Refrain

Ohne Müllmann Peter kämen wir, wie dumm,

früher oder später in unserm Müll noch um.

2. Dann fährt der Müllmann gleich davon.
   Es warten ja die nächsten schon.
   Für uns ist das bequem
   und angenehm.

3. Was täte jeder von uns nur,
   gäb's bei uns keine Müllabfuhr,
   dann ständen wir nur rum
   und guckten dumm.

13

4. Er holt den Müll. Drum sagen wir
   dem Müllmann Dankeschön dafür,
   weil er mit aller Kraft
   so für uns schafft.

Spielanleitung

Im Spielwarenhandel gibt es Müllwagen und dazugehöriges Material, mit dem die Müllabfuhr gespielt werden kann.
Wir sehen den Müllmännern bei ihrer Arbeit zu.
Wir erfahren, wohin der Müll gebracht wird.
Wir betrachten uns den Müll, den wir täglich beim Einkaufen mitgeliefert bekommen, z.B. unnötige Verpackungen, Kisten, Tüten usw..
Wir überlegen, welche Möglichkeiten es gibt, um uns gegen den vielen Müll zu wehren, z.B. Dinge wiederverwenden, Verpackung gleich beim Kaufmann lassen, keine Wegwerfverpackungen mitkaufen usw..
Wichtiger noch ist, darüber zu sprechen, daß wir oft unser eigenes Essen zu Müll werden lassen. Menschen in anderen Ländern verhungern.
Thema auch: Welche Lebensmittel werden vom Kaufmann bereits weggeworfen?

Rolf Krenzer

Manuel aus Mexiko-City

Vor einem Jahr ist Manuel mit seinen Eltern und seinen sieben Geschwistern nach Mexiko-City gekommen. Weil der kleine Acker zu Hause in dem Dorf, in dem sie gelebt hatten, nicht mehr ausreichte, um alle satt zu machen, hatten sie auch das letzte Stück Feld verkauft. In der Hauptstadt hoffte der Vater, Arbeit und Lohn zu finden.

Aber es sind so viele, die in die Hauptstadt gekommen sind. Da gibt es keine Arbeit mehr. Weder für Manuels Vater, noch für seine Mutter. Und für Manuels ältere Geschwister auch nicht.

Sie haben nicht einmal eine Wohnung. Ein armseliger Unterschlupf auf einer großen Müllhalde am Ende der Stadt, das ist Manuels Zuhause. Viele Menschen leben hier. So viele, daß Manuel sie nicht zählen kann. Alle sind aus den Dörfern in die Hauptstadt gekommen. Keiner hat Arbeit gefunden. Sie laufen in Lumpen herum und haben kein Geld, um etwas zu essen zu kaufen.

Manuel ist schon oft mit seinen Geschwistern losgezogen, um bei den Reichen um Essen zu betteln. Aber ganz selten hat man ihm etwas gegeben. Es sind so viele, die Tag für Tag durch die Straßen gehen und betteln.

In den Mülleimern auf den Straßen sucht Manuel jeden Tag, ob etwas weggeworfen wurde, was man vielleicht essen oder anziehen kann. Doch es sind so viele, die Tag für Tag in dem Mülleimer stöbern.

Als Manuel am späten Nachmittag nach Hause kommt, ist er so hungrig wie am Morgen. Noch viel hungriger. Er hat nichts gefunden. Einmal hat er sich mit einem Hund um einen abgenagten Knochen gezankt, der in der Gosse lag. Aber der Hund war schneller als Manuel.

Manuel wird jetzt noch dorthin gehen, wo sie jeden Tag den Müll auskippen. Es gibt so viel Müll in Mexiko-City. Manchmal hat Manuel hier etwas gefunden.

Als er dort ankommt, entdeckt er wie jeden Tag viele Leute. Sie wühlen mit Stöcken und Stangen in den Müllhalden herum. Einer sieht so abgemagert und abgerissen aus wie der andere.

„He, das ist mein Platz!" sagt ein Junge und stößt Manuel zur Seite. Der Junge ist größer als er, sicher auch stärker.

Er hat eine verbeulte Büchse neben sich stehen. Früher müssen köstliche Früchte in der Büchse gewesen sein. Ein Bild von diesen Früchten ist noch auf der Büchse zu erkennen. Verschmiert und schmutzig, aber immer noch zu erkennen, wenn auch Manuel die Früchte noch nie in seinem Leben gesehen oder gar gegessen hat.

Aber etwas anderes entdeckt Manuel. In der Büchse hat der Junge das gesammelt, was er heute aus dem Müll ausgegraben hat. Was es ist, kann Manuel nicht erkennen. Aber bestimmt ist es etwas, was man brauchen, oder gar essen kann. Sonst hätte es der Junge nicht in seine Büchse hineingelegt.

Jetzt wartet Manuel im Hintergrund gespannt darauf, daß der große Junge wieder mit seiner Stange in dem Müll weiter sucht und diese Büchse aus seinen Augen läßt. Manuel tut so, als würde er an dem etwas entfernten Platz mit seinen Händen nach irgendwelchen Resten suchen. Der große Junge beachtet ihn nicht mehr.

Dann schießt Manuel plötzlich los, rast zu der Büchse, schnappt sie und ist ebenso schnell davon.

Noch hat der große Junge nichts bemerkt. Aber Manuel blickt sich nicht mehr nach ihm um. Er hat die Büchse fest an sich gedrückt und rennt und rennt, um auf dem schnellsten Wege zu einem geschützten Platz zu gelangen. Dort wird er den Schatz in der Büchse sorgfältig untersuchen. Er hofft so sehr, daß er etwas zu essen findet.

Drei große Jungen stehen plötzlich vor ihm und halten ihn fest. Manuel kennt sie nicht. Aber alle sind größer als er. Und stärker. Nur in einem unterscheiden sie sich nicht von ihm. Sie sehen genau so verhungert und zerlumpt aus wie er selbst.

Einer reißt Manuel die Büchse aus dem Arm. Sie geben ihm einen Stoß, daß er fällt und hart auf dem Boden aufschlägt. Als Manuel sich wieder aufrichtet, sind die Jungen verschwunden.

Manuel weint nicht. Weinen kann er schon lange nicht mehr. Er beißt die Zähne zusammen, rappelt sich auf, streicht mit der Hand kurz über das aufgeschlagene Knie und humpelt weiter. Wieder zur Müllkippe. Irgendetwas muß er heute doch noch finden. Vorgestern hat er etwas zu essen auf der Müllkippe gefunden. Und seitdem hat er nichts mehr zu essen gehabt.

Rolf Krenzer

Hunger in der Welt

Stichworte zum Inhalt und Thema:
Menschen hungern – und im Abfalleimer liegt Brot.

In der Schule liest Dirk seinen Aufsatz vor, den er für heute geschrieben hat:

„Der Hunger in der Welt.

Viele Menschen haben nicht satt zu essen. Wir haben es gut. Wenn wir Lust zum Essen haben, gehen wir zum Bäcker, zum Metzger und zum Lebensmittelhändler und kaufen alles, was wir brauchen.
In Indien werden viele Menschen nicht satt. Oft sterben sogar Kinder vor Hunger. In Afrika herrscht große Hungersnot. Wenn einmal der Regen ausbleibt, verhungern Menschen und Tiere. In Südamerika können sich die Reichen alles leisten, was sie nur wollen. Die Armen werden ausgebeutet. Es geht ihnen so schlecht, daß sie in Lumpen herumlaufen müssen und vor Hunger krank werden. Im Fernsehen habe ich schon gesehen, daß sie Abfälle, die die Reichen in ihre Mülleimer werfen, heraussuchen und aufessen.
Viele Menschen spenden Geld, um den Hunger in der Welt zu lindern. Doch das Geld reicht nicht aus. Täglich müssen viele Kinder, junge und alte Leute vor Hunger sterben."
Die Kinder der Klasse haben aufmerksam zugehört. Sie haben auch Zeitungsartikel und Bilder aus Illustrierten gesammelt, die über Hunger und Not der Welt berichten. Sie kleben die Artikel und Bilder auf einem großen Karton auf und hängen sie in der Klasse auf. Frau Siebel, ihre Lehrerin, zeigt ihnen auf der Landkarte, wo in allen Teilen der Welt Menschen im Überfluß leben und wo Hunger herrscht.
Am Nachmittag leert der Hausmeister die Abfalleimer aus. Er sagt zu Frau Schmidt, die jeden Tag die Klassenzimmer putzt: „Schauen Sie sich das an. Jeden Tag werfen einige Kinder ihre Pausenbrote hier hinein. In dieses Brot hat nur einer einmal hineingebissen. Wahrscheinlich hatte er keine Lust auf Schinkenbrot!"
Frau Schmidt stochert mit einem Stock in dem Abfall herum und

meint: *„Sogar geschälte Apfelsinen liegen hier. Früher, als ich noch zur Schule ging. . ."*
Abwehrend fällt ihr der Hausmeister ins Wort.
„Ja, früher! Da konnten wir uns keine Apfelsinen leisten. Es hat sich eben vieles verändert."

Rolf Krenzer

Methodische Hinweise

Die Schüler sollen aus dieser Geschichte nicht lernen, daß das Problem des Hungers in der weiten Welt einfach damit zu lösen ist, kein Brot mehr in den Abfalleimer zu werfen. Folgende Fragen könnten allerdings diskutiert werden: Ist es richtig, so mit Nahrungsmitteln umzugehen? Was könnte man tun? Warum haben so viele Menschen in der Welt Hunger? Was können wir tun?

aus „Kurze Geschichten Religion", Bd. 1
Verlag Ernst Kaufmann, Köln – Kösel-Verlag, München

Hierzu die Lieder „Miguel" in LP und Liedheft
aus „Mach aus Fremden Freunde"
„Ein kleiner bunter Vogel"
aus „Eine Brücke laßt uns bauen"
„Lied vom Überfluß"
aus „Halte zu mir guter Gott"

Impulse-Musikverlag 4406 Drensteinfurt

Meine Gulli-Pulli-Müllmaschine

Alle Rechte beim *IMPULSE*-Musikverlag   4406 Drensteinfurt

Text: Rolf Krenzer   Musik: Ludger Edelkötter

Refrain

Meine Gulli–Pulli — Gulli – Pulli– Müllmaschi- ne

ha-be ich sel ber konstruiert. Meine

Gulli – Pulli – Gulli – Pulli — Müll ma – schi- ne

läuft noch immer läuft noch wie geschmiert. Ich

(Fine)

Vers

hab mir 'ne Maschine aus Wegwerfmüll gebaut. Das

hat mir keiner vorgemacht und keiner zugetraut. Ich

19

nahm zwei alte Räder, da-zu ein dickes Seil   und

von dem Kinder-wagen noch ein Stück vom Unter-teil.

(Refrain
da capo)

2. Ne runde Nickelbrille
   und einen alten Schuh
   und knapp zwei Meter Fliegendraht,
   die braucht ich noch dazu.
   'Ne Klingel und ne Hupe,
   'nen Knopf vom Radio,
   die Kurbel von 'nem Grammophon
   und einen Dynamo

3. Rund sechzig Büroklammern,
   neun Schrauben, nicht zu klein.
   Und einen alten Lautsprecher,
   den baut' ich auch noch ein.
   Ein Lenkrad, einen Spiegel
   und einen Wasserhahn
   und eine Feder von der alten
   Aufzieheisenbahn.

4. Ein Keilriemen, vier Dosen,
   ein Luftballon mit Loch,
   ein Kuchenblech, ein alter Topf,
   sechs Lockenwickler noch.
   'Ne ausgediente Lampe,
   die baute ich noch ein.
   Und Watte, Stroh und Klopapier
   kam auch noch mit hinein.

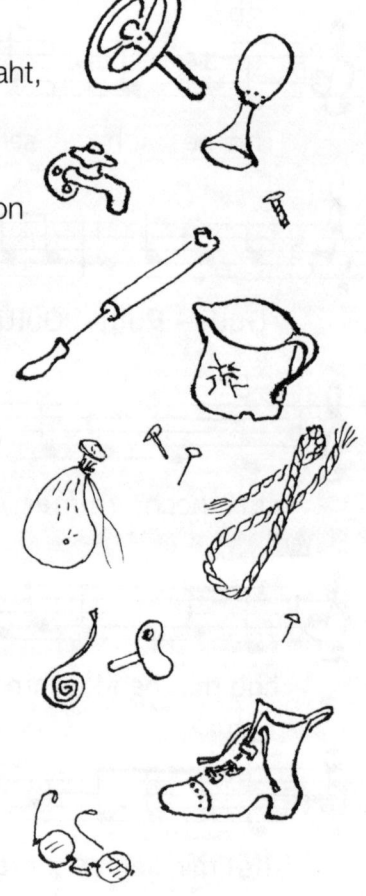

5. Als die Maschine fertig,
   hat der Vater sie studiert.
   Und hat mir prompt beim Ausprobieren
   die Schaltung ruiniert.
   Meine Gulli-Pulli-,
   Gulli-Pulli-Müllmaschine
   hab ich wieder repariert.
   Meine Gulli-Pulli,
   Gulli-Pulli-Müllmaschine
   läuft jetzt wieder,
   läuft jetzt wie geschmiert.

Spielanleitung

Im Spiel stellen wir solche lustigen Maschinen aus unseren eigenen Körpern dar:
Drei bis zwölf Spieler erhalten die Aufgabe, aus ihren eigenen Körpern eine
Maschine zu bauen, die dann sich bewegen und richtig „funktionieren" kann,
z. B. eine Dampfmaschine, eine Schreibmaschine, eine Kuckucksuhr. . . oder
eben eine Gulli-Pulli-Müllmaschine. Dabei kommen die lustigsten Sachen her-
aus, besonders, wenn viele Maschinen gleichzeitig entstehen.
Auch geeignet für Familienfreizeiten, Sommerfeste, Spielnachmittage usw..

Rolf Krenzer

Und jeder fragt und lacht:
„Wie hast du das gemacht?
Wie hast du dir das raffinierte Ding nur ausgedacht?

Kinderflohmarkt

Text: Rolf Krenzer   Musik: Ludger Edelkötter

Vers

1. Mein Zimmer ist zu klein, mein Spielzeugschrank zu voll. Ich
   biete ich euch an, was ich ent—beh-ren kann und

weiß nicht mehr, wohin ich noch mit meinen Sachen soll. Drum
hof-fe, daß ein an-de-rer viel

2. Freude hat da—ran. Hal — lo, hal—lo! Kommt

Refrain

al-le schnell he-ran! Der Floh-, der Floh-, der

Flohmarkt fängt jetzt an. Hal — lo, hal-lo! Drum

kauft, was euch gefällt! Wenn ihr auf dem Flohmarkt kauft, dann

spart ihr sehr viel Geld!

2. Fürn Groschen gibt's nen Ring.
   Für eine Mark ein Tuch.
   Und ganze fünfzig Pfennig nur
   für dieses Bilderbuch.
   Es ist noch fast wie neu.
   Doch biete ich es an
   und hoffe, daß ein anderer
   sich daran freuen kann.

3. Drei Puppenkleider noch
   und sieben Meter Schnur.
   Und eine Pumuckl-Cassette
   für Zweifünfzig nur.
   Sie ist noch fast wie neu.
   Doch biete ich sie an,
   weil ich die Pumuckl-Cassette
   auswendig längst kann.

4. Mein Zimmer ist zu klein,
   mein Spielzeugschrank so voll.
   Ich weiß nicht mehr,
   wohin ich noch
   mit meinen Sachen soll.
   Drum biete ich euch an,
   was ich entbehren kann
   und hoffe, daß ein anderer
   viel Freude hat daran.

Spielanleitung

Das Auftaktlied zu einem Kinderflohmarkt regt dazu an, daß wir selbst in der Gruppe, im Kindergarten, in der Klasse, in der Schule einen Flohmarkt veranstalten. Wir können es innerhalb unserer Gruppe tun, aber auch andere dazu einladen.

Wichtig ist, daß das Kind erfährt, daß es viele Dinge gibt, die man selber nicht mehr braucht, die aber ein anderer sehr gut gebrauchen kann und dafür auch bereit ist, etwas zu bezahlen.

Wer es ganz ohne Zahlungsmittel veranstalten will, kann auch einen Kindertauschmarkt eröffnen, z. B. in regelmäßigen Abständen, eventuell zusammen mit der Elternschaft oder dem Elternbeirat.

Rolf Krenzer

Ein lohnendes Geschäft

Wenn verkaufsoffener Sonntag ist und die Menschen sich in Münsters Haupteinkaufsstraßen so richtig drängeln, findet auf dem Hindenburgplatz der »Flohmarkt« statt. Groß und klein versucht, alten Krempel aus Großmutters Zeiten, Möbel, Kleidung, Hausgeräte und vieles mehr an den Mann zu bringen. Sogar einen »Kinder-Flohmarkt« gibt es. Und dorthin wollte auch Pit mit allerlei Sachen aus seiner Kinderzeit (Pit war immerhin schon zwölf!): ausgelesene Mickymaus-Hefte, ein Auto-Quartett, ein kaputtes Rennauto und was er sonst noch erübrigen konnte. Als besondere Fundgrube erwies sich die Kommode seiner Großmutter. Alte Bücher lagen da herum, Sammeltassen mit Macken, Postkarten von Anno dazumal, sogar ein verstaubtes Bild des letzten deutschen Kaisers.

Pit hatte alles zusammengepackt und war am Samstagmittag sofort nach der Schule losgezogen, um einen günstigen Platz zu ergattern. Denn darauf kommt es an beim Flohmarkt! Wer zu spät kommt und irgendwo in der hintersten Ecke seinen Stand aufbauen muß, braucht sich nicht zu wundern, wenn er nichts verkauft...

Heute gehen die Geschäfte aber sowieso nicht gut. Vielleicht liegt es am Wetter. Es ist schwül, und man könnte glauben, daß ein Gewitter in der Luft liegt. Die »Profis« haben vorsichtshalber durchsichtige Plastikplanen über ihre Tische gebreitet, um sich vor einem Regenguß zu schützen. Und die Flohmarktbesucher laufen ziemlos lustlos und immer mit einem besorgten Blick zum Himmel zwischen den Ständen umher.

Pit seufzt. Bis auf zwei Comic-Hefte, die er für 10 Pfennig das Stück loswerden konnte, läuft nichts. Und dafür hockt er jetzt schon zwei Stunden auf dem Pflaster und bekommt mächtigen Hunger. Nebenan, die beiden Mädchen, diese dämlichen Ziegen, haben schon etliche ihrer selbstgezogenen Balkonpflanzen verkauft; und jetzt grinsen sie auch noch herüber und kichern. Pit zieht eine Grimasse.

Gegenüber schreit ein kleiner, dicker Bursche ständig seine Briefmarken aus. Der kann einem auf den Wecker gehen! Viel Glück hat er mit der Schreierei auch nicht.

Will denn heute keiner? Angucken und anfassen ja, das wollen

*alle. Aber da ist Pit empfindlich. »Wollt ihr die Hefte erst aus-
lesen?« fährt er zwei Jungen an, die äußerst interessiert seine
Mickymaus-Hefte durchblättern.*

*»Kannste behalten, den Quatsch!« gibt einer der beiden zurück.
Wieder kein Geschäft zu machen...*

*Dann kommt eine alte Frau. Pit hat sie schon seit einiger Zeit be-
merkt. Sie trägt einen alten Strohhut mit einer Strohblume
daran, ein Ungetüm! Und auch der Mantel, den sie trotz der
Hitze mitschleppt, hat schon bessere Tage gesehen, ganz zu
schweigen von den ausgelatschten Schuhen, die große Ähn-
lichkeit mit Filzpantoffeln haben. Die Frau geht an den Ständen
entlang, steckt ihre Nase hier und dort hinein, sucht, befühlt die
Waren, scheint aber keinen Pfennig ausgeben zu wollen.*

*»Die soll nur zu mir kommen«, denkt Pit, »die bringt mir meine
Sachen nicht durcheinander...«*

*Jetzt ist sie wirklich bei Pit angelangt und bleibt stehen. »Na,
Jungchen?« sagt sie, und irgend etwas in ihrer Stimme oder
ihrer Aussprache sagt Pit: die ist nicht von hier! Pit weiß nicht,
was er antworten soll. Besser, er sagt gar nichts, was die Frau
allerdings nicht davon abhält, in seinen Büchern und Postkarten-
sammlungen herumzukramen. Und plötzlich scheint sie etwas gefunden zu haben. Pit merkt, wie eine Bewegung durch ihren Körper geht, fast wie ein freudiges Erschrecken. »Jungchen, hier,
wo hast du die her?« fragt sie und hält Pit einige alte, vergilbte
Postkarten unter die Nase.*

*»Von meiner Oma«, sagt Pit einsilbig. Die alte Tante scheint sich
tatsächlich für diesen Plunder zu interessieren. Intensiv schaut
sie sich jede Karte einzeln an. Na prima, denkt Pit, vielleicht
gibt's doch noch ein lohnendes Geschäft. Zunächst aber muß
er sich in Geduld fassen. Immer und immer wieder schaut sich
die Frau die Karten an. Manchmal seufzt sie dabei oder murmelt
ein paar unverständliche Worte. Und als Pit ihr ins Gesicht
schaut, sieht er, daß Tränen über ihre Backen laufen. Was ist
denn jetzt los? denkt Pit erschrocken.*

*»Liebes Jungchen«, sagt die Frau, »was sollen diese schönen
Karten kosten, bitte?«*

*Pit schaut auf die Postkarten und dann wieder auf das Gesicht
der alten Frau.*

»Zehn Pfennig das Stück«, sagt er mutig, und in seinem Hinter-

kopf rechnet er bereits nach, daß mindestens 2,50 DM rum-
kommen müßten, wenn er alle Karten verkauft.
Die Frau läßt die Karten sinken.
»Teuer«, sagt sie, »sehr teuer.«
Pit sagt nichts.
Die Frau schaut erneut auf die Karten.
»Posen«, sagt sie, und ihre Stimme klingt brüchig, »meine Hei-
matstadt! Bin dort geboren. 1890. Ist jetzt alles polnisch!«
Sie deutet auf eine der Karten, auf der ein großes Gebäude mit
hohen Fenstern zu sehen ist.
»Meine Schule!«
Und ein zweites Bild, ein Park mit einem Denkmal.
»Da hab' ich meinen Mann kennengelernt. Er ist schon lange
tot!«
Pit versteht. Die Erinnerungen sind es, die seine alten Postkarten
plötzlich wertvoll machen.
»Fünf Pfennig«, sagt er, nein, will er sagen, aber dann kann er es
doch nicht. Die Frau bückt sich, um den Stapel wieder auf die
Decke zu legen.
Aber Pit wehrt ab.
»Können Sie behalten«, sagt er mit gepreßter Stimme. «Brauche
ich nicht mehr. . .«
Dann schaut er schnell zu Boden, damit er der Frau nicht mehr
ins Gesicht zu sehen braucht und nicht mehr die Tränen mitbe-
kommt, die plötzlich wieder auf der faltigen Haut zu sehen sind.
Er schaut erst wieder auf, als die alte Frau weitergegangen ist.
Dann beginnt er, seine Sachen einzupacken. Er hat keine Lust
mehr, Geschäfte zu machen. Manche Dinge, so scheint es ihm,
sind sowieso nicht mit Geld zu bezahlen. . .

Wolfgang Poeplau
aus Rolf Krenzer: „Habt acht auf Gottes Welt"
Lahn-Verlag, Limburg 1986 Textrechte beim Autor

Ruckedigah-Ruckediguh

Alle Rechte beim *IMPULSE*-Musikverlag   4406 Drensteinfurt

Text: Rolf Krenzer   Musik: Ludger Edelkötter

Rucke-di-gah, Rucke-di-guh,

jeder macht die Augen zu

1. Rucke-di-guh, Rucke-di-gah

und der Müll bleibt da. (Fine)

Wenn sie uns auch sa-gen: bleibt

still und haltet Ruh, wir

wehren uns und lassen das nicht zu. (da capo)

28

2. Ruckedigah, Ruckediguh,
   jeder hält die Ohren zu,
   Ruckediguh, Ruckedigah,
   und der Lärm bleibt da.

   Wenn sie uns auch sagen
   bleibt still und haltet Ruh,
   wir wehren uns und
   lassen das nicht zu!

3. Ruckedigah, Ruckediguh,
   jeder hält die Nase zu,
   Ruckediguh, Ruckedigah,
   und der Mief bleibt da.

   Wenn sie uns auch sagen
   bleibt still und haltet Ruh,
   wir wehren uns und
   lassen das nicht zu!

4. Ruckedigah, Ruckediguh,
   mach doch nicht die Augen zu,
   Ruckediguh, Ruckedigah,
   sag nicht immer ja!

   Wenn sie uns auch sagen
   bleibt still und haltet Ruh,
   wir wehren uns und
   lassen das nicht zu!

5. Ruckedigah, Ruckediguh,
   wehr dich, laß es nicht mehr zu,
   Ruckediguh, Ruckedigah,
   sag nicht immer ja!

   Wenn sie uns auch sagen
   bleibt still und haltet Ruh,
   wir wehren uns und
   lassen das nicht zu!

6. Ruckedigah, Ruckediguh,
   mach doch nicht die Augen zu,
   Ruckediguh, Ruckedigah,
   sag nicht immer ja!

Spielanleitung

Jeder macht die Augen zu

Wir halten uns zu den Strophen die Augen, die Ohren und die Nase zu, aber dann nehmen wir uns gegenseitig die Hände von Augen, Ohren und Nase weg, stampfen auf, fassen uns an, gehen im Kreis.

Rolf Krenzer

Hierzu das Lied in LP und Liedheft
„Diesen Krach ertragt ihr täglich"
aus „Das gibt's bei uns zu Hause nicht"
Impulse-Musikverlag 4406 Drensteinfurt

Rock-Konzert im Bauernhof

Alle Rechte beim *IMPULSE*-Musikverlag   4406 Drensteinfurt

Text: Rolf Krenzer   Musik: Ludger Edelkötter

Beim   Rock — konzert   im   Bauern — hof
je – des Tier ein   Su — per – star
Rock — konzert   im   Bauern — hof
ein — fach ein — fach   wun-der — bar

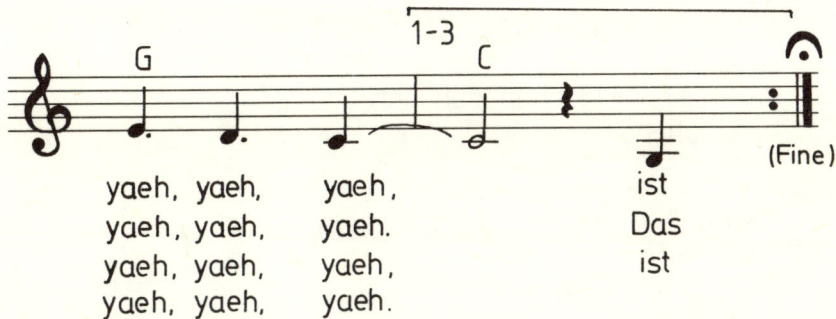

yaeh, yaeh,   yaeh,   ist
yaeh, yaeh,   yaeh.   Das
yaeh, yaeh,   yaeh,   ist
yaeh, yaeh,   yaeh.

(Fine)

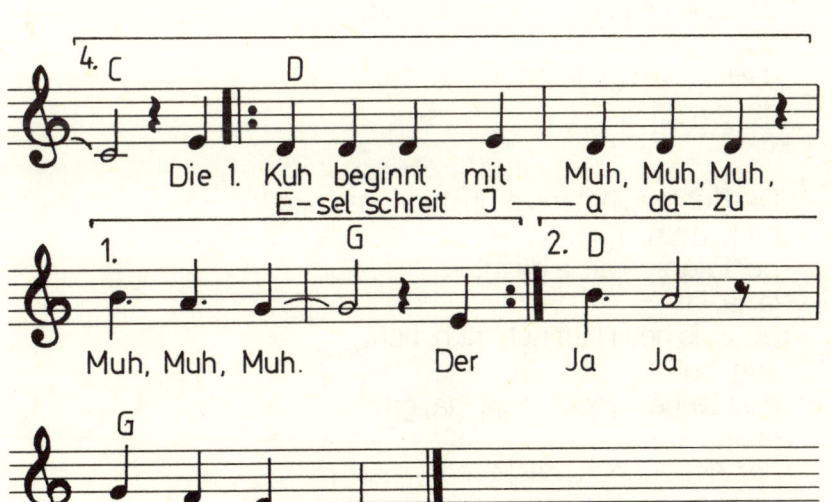

Die 1. Kuh beginnt mit   Muh, Muh, Muh,
E – sel schreit J —— a   da – zu

Muh, Muh, Muh.   Der   Ja   Ja

Ja,   Ja,   Ja.   Beim (da capo)

31

2. Die Kuh beginnt mit muh, muh, muh,
   muh, muh, muh,
   der Esel schreit ia dazu,
   ja, ja, ja,
   die Eule heult laut huh, huh, huh,
   huh, huh, huh.

3. Die Kuh beginnt mit muh, muh, muh,
   muh, muh, muh,
   der Esel schreit ia dazu,
   ja, ja, ja,
   die Eule heult laut huh, huh, huh,
   huh, huh, huh,
   die Hennen gackern ga, ga, ga,
   ga, ga, ga.

4. Die Kuh beginnt mit muh, muh, muh,
   muh, muh, muh,
   der Esel schreit ia dazu,
   ja, ja, ja,
   die Eule heult laut huh, huh, huh,
   huh, huh, huh,
   die Hennen gackern ga, ga, ga,
   ga, ga, ga,
   der Ziegenbock macht mäh, mäh, mäh,
   mäh, mäh, mäh.

5. Die Kuh beginnt mit muh, muh, muh,
muh, muh, muh,
der Esel schreit ia dazu,
ja, ja, ja,
die Eule heult laut huh, huh, huh,
huh, huh, huh,
die Hennen gackern ga, ga, ga,
ga, ga, ga,
der Ziegenbock blökt bä, bä, bä,
bä, bä, bä,
der Hahn, der kräht kikrikiki,
ki-ki-kri.

Refrain: Beim Rock-Konzert im Bauernhof,
yaeh, yaeh, yaeh,
da ist jedes Tier ein Superstar,
yaeh, yaeh, yaeh,
beim Rock-Konzert im Bauernhof,
yaeh, yaeh, yaeh,
da ist's einfach, einfach wunderbar,
yaeh, yaeh, yaeh.

Yaeh, yaeh, yaeh.

Yaeh, yaeh, yaeh.

Yaeh, yaeh, yaeh.

Spielanleitung

Bei jeder neuen Strophe kommt ein Tier hinzu, die vorher genannten Tiere werden aber alle mit aufgezählt, so daß das Lied immer länger wird. Es können alle zusammen singen. Es kann aber auch jeweils einer oder eine Gruppe die Zeile des jeweiligen Tieres singen und die entsprechenden Tierlaute dazu machen. Es können auch die Gangarten der einzelnen Tiere dargestellt werden. Wie läuft das Schwein, das Pferd, der Hund usw..

Dann lautet der Liedtext:

Beim Sportfest auf dem Bauernhof
ist jedes Tier ein Star.
Das Sportfest auf dem Bauernhof
ist einfach wunderbar.

Die Kuh beginnt und läuft dann so, so . . . . .
Der Esel, der läuft so, so, so, . . .
Das Pferd, das galoppiert dann so . . .
Die Ente watschelt so, so, so . . .
usw.
Rolf Krenzer

Hirsch

Affe

Ente

Ein Märchen als Rätselpantomime

Hund und Katze

Einmal waren viele Tiere zusammengekommen, um Wichtiges zu beraten. Es fehlte nur noch der Elefant. So schickten die Tiere den Hund los, damit er den Elefanten herbeihole.

Der Hund war sehr aufgeregt, denn er hatte noch nie einen Elefanten gesehen.

Doch die anderen Tiere erklärten ihm: »Du wirst ihn leicht finden und erkennen. Er hat einen Buckel auf seinem Rücken!«

»Ach ja!« rief der Hund glücklich. »Den kenne ich!«

Sogleich lief er davon und traf am Waldrand die Katze. Sie machte gerade einen Buckel. Freundlich rief ihr darauf der Hund zu: »Komm bitte schnell mit. Alle Tiere warten schon auf dich!« So folgte die Katze dem Hund.

Als sie nun die Tierversammlung erreichten, rief der Hund stolz: »Ich habe ihn gefunden! Hier ist der Elefant!« Und er stellt die Katze mit dem Buckel vor.

Zuerst ärgerten sich die Tiere. Dann lachten sie den Hund aus. Sie lachten so laut, daß der Hund vor Scham und Ärger davonlief.

Seit dieser Zeit kann der Hund die Katze nicht mehr leiden und wird böse, wenn er sie nur sieht.

Elefant

Frosch

Bär

Vom Text zum Spiel

Wenn der Text in eine Rätselpantomime umgewandelt wird, so werden alle Mitspieler im Kreis als Mitrater einbezogen. Die einzelnen Tiere, die geraten werden sollen, werden vorher heimlich mit den Spielern abgesprochen. Es kann sich dabei ein Dialog zwischen Erzähler und Mitratern/Publikum oder Hund und Publikum entwickeln. Die jeweiligen Tiere werden pantomimisch darge-stellt und richtig erraten. Nur der Hund traut den Mitratern nicht und beharrt zum Schluß darauf, daß die Katze der Elefant sei. Deshalb führt er sie auch zu der Rateversammlung und wird ausgelacht.

In gleicher Weise wie bei der Rätselpantomime kann auch ein Rätselhörspiel gestaltet werden. Hierzu werden die unterschiedlichsten Tierstimmen vorher mit den Spielern (oder von einer Schallplatte mit entsprechenden Tierstimmen) aufgenommen und dann im Spiel eingespielt.

Möglicher Spieltext für eine Rätsel-pantomime

ERZÄHLER
Einmal waren viele Tiere zusam-mengekommen, um Wichtiges zu beraten.
Verschiedene Tiere treten auf. Der König der Tiere, der Löwe, setzt sich auf einen Stuhl. Er schaut sich im Kreis um

LÖWE
Sind wir alle zusammen?
Er schaut sich die Tiere an, die bei ihm stehen
Nein! Es fehlen noch einige!
Ist der Elefant da?

TIERE
Nein! Der Elefant fehlt auch noch!

LÖWE
Hund! Komm her zu mir!
Der Hund tritt vor den Löwen

LÖWE
Lauf los und hole den Elefanten!

HUND
Wie sieht denn der Elefant aus?

LÖWE
Sag nur, du kennst keinen Elefanten?

HUND
Ich habe noch nie einen gesehen.

LÖWE
Ich will es dir sagen! Du wirst ihn leicht finden und erkennen.
Er hat einen Buckel auf seinem Rücken!

HUND
Einen Buckel?

LÖWE
Ja, einen Buckel!

HUND
Ach ja! Den kenne ich!

LÖWE
Dann laufe los und bringe ihn hierher!
Der Hund läuft davon

ERZÄHLER
Seht ihr, da läuft der Hund!
Und da kommt auch schon ein Tier herbei.

(Es erscheint ein Tier, das nun von allen geraten werden soll. Das Tier wird von dem jeweiligen Spieler pantomimisch dargestellt, zum Beispiel Hände als Geweih über dem Kopf = Hirsch; Watschelgang = Ente, Rüssel hin und her schwenken = Elefant; herumtappen = Bär, sich kratzen, herumspringen = Affe, hüpfen = Frosch usw.)

ERZÄHLER
Was ist das für ein Tier?
Die Spieler raten. Wenn richtig geraten wurde, sagt der Erzähler dem Tier, daß es schnell zur Ratsversammlung laufen soll. Dann läuft das Tier los und läßt sich bei dem Löwen nieder. Es wird so lange geraten, bis das pantomimisch dargestellte Tier richtig erraten ist

ERZÄHLER
Da kommt schon wieder ein Tier!
Wieder muß geraten werden. Wenn der Elefant richtig geraten wird, weigert sich der Hund, diesen als Elefanten anzuerkennen

HUND
Nein! Das ist kein Elefant!
Der sieht ganz anders aus!
Wenn dann die Katze erscheint, zeigt sie auch ihren Buckel. Jetzt setzt sich der Hund über die von den Mitratern richtige Nennung hinweg und erklärt, daß dies der Elefant sei

HUND

Komm! Ich soll dich zu den an-
deren Tieren bringen!
Komm schnell! Sie warten schon
alle auf dich!
Die Katze folgt dem Hund

HUND

So! Ich habe ihn gefunden!
Ich stelle euch hiermit den Ele-
fanten vor!

TIERE

Wer soll das sein?

HUND

Das ist niemand anders als der
Elefant!

TIERE

beginnen immer lauter zu lachen
Du kennst noch nicht einmal den
Elefanten!
Sie lachen immer lauter

KATZE

Das ist eine Unverschämtheit!
Du spinnst ja!
Warte nur!
Das sollst du mir büßen!

Sie springt auf den Hund los. Der
Hund sucht eiligst das Weite

ERZÄHLER

Ja, so ist das!
Jetzt können sich Hund und
Katze nicht mehr riechen!
Der Hund wird böse, wenn er die
Katze nur sieht.
Und die Katze? Da ist es mei-
stens ebenso.
Es kann aber auch anders sein!

Dieses Spiel eignet sich auch für
geistig behinderte Kinder, ebenso
für Sprach- und Hörbehinderte.
Einzelne der Tiere können auch
von körperbehinderten Kindern
dargestellt werden.
Außer der Rätselpantomime sind
weitere Spielformen denkbar:
Spiel im Kreis oder Halbkreis;
Spiel mit selbstgebastelten Stab-
puppen;
Spiel mit Stofftieren;
Schattenspiel;
Menschenschattenspiel.

Rolf Krenzer

Müll

Alle Rechte beim *IMPULSE*-Musikverlag   4406 Drensteinfurt

Text: Rolf Krenzer   Musik: Ludger Edelkötter

Unrat, Schutt, ka-put-te Socken, Omas Möbel,

alte Brocken, alte Töpfe, Pfannen, Dosen,

Opas lange Un – ter – ho – sen.

Was man nicht mehr haben will, wandert still

in den Müll, in den Müll.

2. Plastikspielzeug, Einwegflaschen,
Karren, Räder, Ledertaschen,
alte Autos, alte Hüte,
Stöckelschuh und Plastiktüte.
Was man nicht mehr haben will,
wandert still
in den Müll,
in den Müll.

3. Plattenspieler und Cassetten,
   Farben, Säuren und Tabletten,
   Waschmaschine, Gartenstühle,
   Kühlschrank und die alte Spüle.
   Was man nicht mehr haben will,
   wandert still
   in den Müll,
   in den Müll.

4. Batterien, die Gift gespeichert,
   Schrott, der chemisch angereichert,
   Dinge, die nicht funktionieren,
   die kein Mensch will reparieren.
   Was man nicht mehr haben will,
   wandert still
   in den Müll,
   in den Müll.

5. Wenn wir so noch weitermachen,
   gibt es bald nichts mehr zu lachen.
   Und wir haben zur Belohnung
   auf dem Müll bald unsre Wohnung.
   Überall, wohin man will,
   lagert still
   nur noch Müll,
   nur noch Müll.

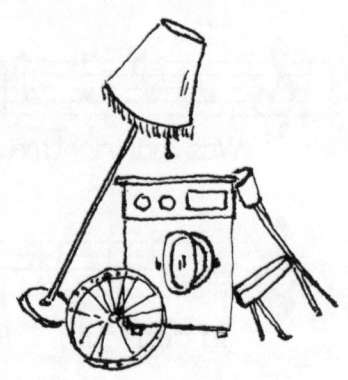

Spielanleitung

Müll-Song

Wir sehen zu Hause, in der Schule, im Kindergarten einmal nach, was alles weggeworfen wird. Wir bringen verpackte Lebensmittel mit, schauen nach, wieviel in großen Verpackungen wirklich drin ist, trennen ein Produkt nach Inhalt und Verpackung. Was muß am Ende alles weggeworfen werden? Getränke in Einwegflaschen, in Dosen usw..
Wir beobachten, was Leute alles bei Spermüllsammlungen auf die Straße stellen,

aber auch, wer die Sachen durchsieht, sich einiges mitnimmt, was noch zu ge-
brauchen ist. Wir suchen nach Dingen, die wir noch verwenden können.
Wozu kann man z.B. noch Schachteln usw. benutzen (Basteln aus Wegwerf-
material). Hier können auch Filme oder Fotos von Müllkippen eingesetzt
werden, die deutlich machen, wieviel Müll eine Stadt usw. produziert.

Rolf Krenzer

Aktionsvorschlag

Müllberg – Mülltrennen

Die Kinder bringen über einen gewissen Zeitraum hinweg (1 Woche oder mehr) anfallenden Müll von zu Hause mit. Der Müll wird an einem bestimmten Platz gesammelt. Die Kinder können nun beobachten, wie der Müllberg ständig wächst.

Das Bewußtwerden dieses Müllberges regt zu Gesprächen an:
- Was für Müll ist vorhanden?
- Wie läßt sich dieser Müll in seinen Elementen unterscheiden?
- Was geschieht normalerweise mit diesem Müll?
- Können wir verschiedene Dinge noch verwenden?

Der Müll wird nun mit den Kindern nach den Elementgruppen sortiert. (Glas, Aluminium – Plastik – Papier – Garten) (Handschuhe benutzen! Auf anschließende gründliche Reinigung achten!)

Wir überlegen, was man mit den verschiedenen Elementen noch tun kann. Welche können wiederverwertet werden?

Glas kommt in den Glascontainer – Neues Glas wird hergestellt.

Aluminium bringen wir zur Alusammelstelle.

Aus Plastik basteln wir uns tolle Dinge.

Arzneimittel geben wir dem Apotheker zurück.

Die Kinder sehen nun, daß der ursprüngliche Müllberg sehr geschrumpft ist und daß Müll aus Elementen besteht, die sich wiederverwerten lassen.

In weiterführenden Aktionen besuchen die Kinder den Altpapierhändler und bringen das Altpapier dorthin. Besuchen läßt sich auch der Glascontainer oder der Apotheker. Die Alufolie wird gesammelt und später zur Sammelstelle gebracht. (Hierzu Alufresser Alois, siehe Seite 94)

Solche Müllsammel- und Trennaktionen lassen sich in Kindergärten und Grundschulen sehr gut einführen. So wird zum Beispiel das Frühstückspapier oder die Alufolie nicht mehr einfach in den Mülleimer geworfen, sondern gesammelt.

Im Garten draußen oder auf dem Bauernhof kann ein Komposthaufen bzw. ein anderes phantasievolles Gefäß oder Behälter installiert werden. So landen die durch Unachtsamkeit entstandenen Essensreste nicht beim Müll. Grundsätzlich ist hier jedoch auch zu betonen, das Essensreste wie z.B. Brot gar nicht entstehen sollten.

Durch solche praktizierten Aktionen, die auch zu Hause möglich sind, lernen Kinder, verantwortungsbewußt mit ihrer Umwelt umzugehen.

Das, was dann wirklich nicht weiterverwertet wird, kommt in Müllsäcke, in den Container.

(Tina Haller / Angelika Roth-Kaltenbacher)

Tills ganz moderne Oma

Till ist noch klein. So klein, daß er noch nicht einmal in den Kindergarten geht.

Wenn die Großen zur Schule müssen, dann kann Till immer zu Hause bei der Mutter bleiben. Aber wenn die Eltern mit den Großen etwas unternehmen wollen, für das Till noch zu klein ist, dann bringen ihn die Eltern für einen Nachmittag, für einen Tag oder für ein ganzes Wochenende zur Oma.

So war es auch in diesem Jahr, als die Eltern zu einem Faschingsfest eingeladen waren. Und am Rosenmontag wollten sie sich mit den Großen zusammen den Rosenmontagsumzug ansehen. Für all das war Till zu klein. So verbrachte der kleine Till drei wunderschöne Tage bei der Oma. Als die ganze Familie dann wieder zusammen ist, da erzählt jeder, was er erlebt und was ihm besonders gut gefallen hat.

Friederike und Tasso haben nicht nur die lustigen Narren und die vielen bunten Wagen beim Rosenmontagsumzug gesehen, sie sind sogar noch in dem großen Vergnügungspark gewesen und haben die Autorennbahnen und Karussells ausprobiert.

Friederike schildert ganz begeistert: „Mensch, da war vielleicht ein modernes Karussell. Wir saßen in einer Gondel und wurden hoch in die Luft geschleudert. Dabei drehte sich die Gondel sogar noch. Richtig schwindelig ist mir dabei geworden!"

„So was Tolles hättest du sehen sollen!" sagt Tasso zu Till und freut sich noch im Nachhinein über die atemberaubende Fahrt.

„Unsere Freunde haben uns ihren modernen neuen Wagen vorgeführt", sagt nun der Vater. Da braucht man keine Hebel mehr zu drehen. Man drückt auf einen Knopf, schon öffnet sich das Schiebedach automatisch!"

„Und in ihrer Wohnung haben sie diese modernen Zeituhren angebracht", fügt die Mutter hinzu. Man braucht sie nur zu programmieren, schon geht automatisch zu einer bestimmten Zeit das Licht aus, oder das Radio beginnt zu spielen, oder der Fernseher geht an, oder der Kaffeeautomat stellt sich ein."

Till hat schweigend zugehört.

Es imponiert ihm nur wenig, was die Eltern von der modernen Wohnung ihrer Freunde erzählen. Schließlich war er bei der Oma. Und das ist für ihn am wichtigsten.

Die Oma ist noch viel moderner als alle zusammen!" erklärt er nun und setzt sich ganz aufrecht auf seinen Stuhl, so daß er tatsächlich viel, viel größer aussieht, als er eigentlich ist.

„Die Oma hat eine ganz altmodische Wohnung! lacht Friederike.

„Wie kann sie denn da moderner sein als alle zusammen?"

„Doch viel moderner!" sagt Till und wächst noch ein bißchen auf seinem Stuhl.

„Stellt euch vor, sie hat eine Kaffeemaschine . . ."

„Jetzt sage nur, daß sich die Oma eine moderne Kaffeemühle gekauft hat!" ruft der Vater empört. „Die sollte sie doch von uns zum Geburtstag bekommen."

Till läßt sich nicht beirren.

„Sie hat eine Kaffeemühle. Da braucht sie keine Zeituhr und keinen Strom, nicht einmal eine Schnur und auch keine Steckdose!"

„Aha! Mikrozellen!" Tasso weiß genau Bescheid.

„Weiß ich nicht!" meint Till. „Sie dreht einfach oben an der Kurbel rundherum und rundherum . . . und schon mahlt die Kaffemühle den Kaffee ganz automatisch.

Stellt euch vor, ganz ohne Strom!" Tasso und Friederike lachen so laut, daß Till ganz erschrocken auf seinem Stuhl zusammensinkt.

Der Vater blickt den kleinen Till ganz nachdenklich an.

Die Mutter nimmt ihn in ihre Arme, hebt ihn hoch und drückt ihn an sich.

Zu den anderen aber sagt sie: „vielleicht ist das gar nicht so dumm, wie ihr meint.

Vielleicht sind Till und die Oma wirklich viel klüger und moderner als wir alle zusammen."

Rolf Krenzer
aus: Ich wünsche dir ein gutes Jahr
Lahn-Verlag, Limburg 1983, Textrechte beim Autor

Laßt mir meinen Kletterbaum

Text: Rolf Krenzer   Musik: Ludger Edelkötter

Laßt mir meinen Kletterbaum, laßt ihn für mich stehn! Es

ist der letzte Kletterbaum, und ihm soll nichts geschehn

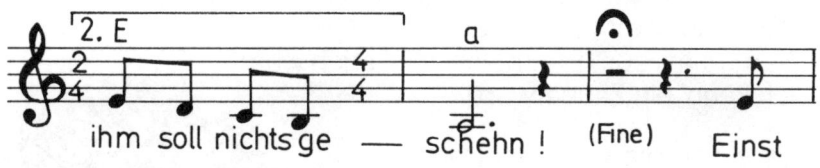

ihm soll nichts ge — schehn! (Fine) Einst

waren viele Bäume da. Nun sind sie umgehaun. Nur

weil der Platz so nötig war, um Hochhäuser zu baun. (da capo)

2. Nicole und Aike, Tom und ich,
   wir kennen jeden Ast.
   Wir klettern hoch in ihn hinein
   bis in die Krone fast.

3. Mal ist der Baum für uns Versteck.
   Der Baum ist ja so groß.
   Mal ist er Haus und manchmal auch
   ein richtiges Märchenschloß.

4. Ganz oben hinterm dritten Ast,
   dort, wo das Laub so dicht.
   Da ist unser Geheimversteck.
   Verratet's bitte nicht.

5. Mein Stammplatz ist vier Meter hoch.
   Er ist ja kaum zu sehn.
   Ich kann sogar von Ast zu Ast
   im Baum spazierengehn.

6. Im letzten Herbst, da sagt' Herr Klotz:
   „Der Baum muß auch noch weg!"
   Da wurden alle Kinder still
   und blaß vor lauter Schreck.

7. Im Frühling hat Nicole gelacht:
   „Der Baum kommt niemals fort!
   Kommt mit zum Baum! Ich zeig' euch was!
   Ich kenn' ein Zauberwort!

8. Es ist verboten, daß der Baum
   uns noch verloren geht,
   weil jede Kätzchenweide doch
   unter Naturschutz steht!"

Refrain: Rettung für den Kletterbaum
         durch ein Zauberwort:
         Naturschutz! Und mein Kletterbaum
         bleibt stehn und muß nicht fort!

Spielanleitung

Laßt mir meinen Kletterbaum

Der authentische Inhalt des Liedes regt zum Überlegen an, auf welche Weise wir alle miteinander dafür sorgen können, daß unsere Umwelt erhalten bleibt. Negativ-Beispielen können positive Lösungen entgegengestellt werden, die zum eigenen Handeln in ähnlichen Situationen auffordern.

Rolf Krenzer

Spielanleitung

Laßt mir meinen Kletterbaum
TISCHTHEATER

Material: Plakatkarton
　　　　　Wellpappe
　　　　　Korken, Stöckchen
　　　　　Farbe, Klebstoff
　　　　　Pappschachteln, Papier
　　　　　Wolle

Anleitung:
Aus Wellpappe wird ein großer dicker Baum (ca. 50 cm hoch) hergestellt. Diese kleben wir auf einen ca 60 cm x 60 cm großen festen Karton. Mit Farbe wird nun die Wiese und der Baum ausgestaltet. Die Pappschachteln werden mit weißem Papier beklebt, als Hochhäuser angemalt und auf den Karton geklebt. Vier Korken werden als Kinder angemalt, mit Wollhaaren versehen, und an einem Stöckchen befestigt.
Herr Klotz entsteht auf dieselbe Art und Weise wie die Kinder. Er ist nur um einen 1/2 Korken größer.
(All diese Vorbereitungen werden von den Kindern getroffen)

„Laßt mir meinen Kletterbaum"
Bei dem Bekanntmachen mit dem Lied kann dazu das Tischtheater gespielt werden.
Kinder erhalten eine Anregung zum Selberspielen, wenn die ersten Spielimpulse von der Erzieherin, dem Grundschullehrer oder von ihren Eltern ausgehen.

(Angelika Roth-Kaltenbacher / Tina Haller)

Noch eine Spielidee!

Vogelnest im Apfelbaum

Alle Rechte beim *IMPULSE*-Musikverlag   4406 Drensteinfurt

Text: Rolf Krenzer   Musik: Ludger Edelkötter

Ich hab in un-serm Ap-fel-baum ein Vogel-nest ent-deckt. Beim vierten Ast, ihr glaubt es kaum, beim vier-ten Ast ihr glaubt es kaum, da ist es gut ver — steckt.

2. Wenn ich an meinem Fenster bin,
   dann bleib ich lang dort stehn.
   Vier kleine Eier sind darin,
   kleine Eier sind darin,
   die kann ich manchmal sehn.

3. Die Vogelfrau hockt auf dem Nest
   und brütet lange Zeit.
   Und wenn sie mal das Nest verläßt,
   wenn sie mal das Nest verläßt,
   steht schon ihr Mann bereit.

4. Ich habe keinem Menschen von
   dem Nest im Baum gesagt,
   und habe Nachbars Katze schon,
   habe Nachbars Katze schon,
   dreimal davongejagt.

5. Und was ich noch zu sagen weiß,
   das hab ich selbst gesehn:
   Vier kleine Vögel piepsten leis,
   kleine Vögel piepsten leis,
   ein Wunder ist geschehn!

6. Die Eltern haben es jetzt schwer
   weil alle hungrig sind.
   Sie fliegen eifrig hin und her,
   fliegen eifrig hin und her,
   und füttern jedes Kind.

7. Es dauert nicht mehr lange Zeit,
   dann sind die Kleinen groß.
   Sie spannen ihre Flügel weit,
   spannen ihre Flügel weit,
   und fliegen einfach los.

8. Das Vogelnest im Apfelbaum,
   das ist so gut versteckt.
   Beim vierten Ast, ihr glaubt es kaum,
   vierten Ast, ihr glaubt es kaum,
   dort hab ich es entdeckt.

9. Jetzt warte ich auf nächstes Jahr.
   Wie glücklich würd ich sein,
   zög' nächstes Jahr ein Vogelpaar,
   nächstes Jahr ein Vogelpaar,
   dort drüben wieder ein!

Spielanleitung

Das Vogelnest im Apfelbaum wird dargestellt. Wir bilden mit einigen Spielern das Nest. Zwei Spieler stellen die Vogeleltern dar, drei bis vier die jungen Vögel. Dann kann zu den einzelnen Liedstrophen pantomimisch das ganze Spiel gestaltet werden.

Später kann auch die Pantomime ganz ohne das Lied nachgespielt werden.

Wir beobachten aus der Ferne Vögel beim Nestbau, bei der Aufzucht ihrer Jungen usw. Wichtige Hilfsmittel, daß alle es gut sehen können, können ein Fernglas oder auch eine Videocamera sein, weil hiermit alles viel näher herangeholt werden kann.

Rolf Krenzer

Herrn Hoffmanns Hut

An einem stürmischen Sonntag im Herbst ging Herr Hoffmann mit seiner Frau spazieren. „Frische Luft tut immer gut!" hatte Herr Hoffmann gesagt. So war es trotz des Windes ein schöner Spaziergang geworden.

Als sie aber kurz vor ihrem Gartentürchen waren, riß ein besonders starker Windstoß Herrn Hoffmann den Hut vom Kopf.

„Haltet ihn! Haltet ihn!" rief Herr Hoffmann und rannte hinter seinem Hut her. Der Hut wurde von dem Wind über den Zaun in Hoffmanns Garten geblasen. Frau Hoffmann öffnete schnell die Gartentür, doch der Hut flog schon weiter. Herr und Frau Hoffmann liefen hinter dem Hut her. Fast hätte Frau Hoffmann ihn erwischt, da war er schon wieder weg. Sie rannten und rannten, aber der Hut war schneller.

Zuletzt sahen sie ihn überhaupt nicht mehr. Sie suchten überall im Garten. Doch der Hut blieb verschwunden.

„Dann muß ich mir eben einen neuen Hut kaufen!" meinte Herr Hoffmann und gab endlich die Suche auf. Aber seltsam kam ihm die Sache doch vor.

Der Herbst ging vorbei, und der Winter kam. Nach Weihnachten kam Neujahr, nach Neujahr Fasching. Endlich zog der Frühling in das Land.

Einmal war es so warm, daß Herr und Frau Hoffmann im Garten ihren Kaffee trinken konnten.

Plötzlich schrie Frau Hoffmann auf und zeigte auf den großen Baum neben dem Haus. „Schau doch einmal, Herbert!" rief sie. „Schau einmal zu dem rechten dritten Ast! Herr Hoffmann schaute und entdeckte ein Vogelnest.

„In dem Baum nisten doch oft Vögel!" meinte er. Aber Frau Hoffmann rief: „Schau einmal ganz genau!"

Da sah Herr Hoffmann, daß das Vogelnest gar kein richtiges Vogelnest war. Es war sein Hut, der ihm im Herbst fortgeflogen war. Ein Vogelpärchen hatte den Hut als Nest verwendet. Jetzt zog es dort seine Jungen auf. Herr Hoffmann lachte, daß ihm der Bauch wackelte. Dann lief er ins Haus hinein und holte seinen Fotoapparat.

Rolf Krenzer
(Rechte beim Autor)

»Der Unfall«

Sandra: Hallo Anke, hast du schon gehört? Es ist ein großer Unfall passiert.

Anke: Ja! in Tschernobyl.

Sandra: Nee, in Hamm-Uentrop

Anke: In Tschernobyl!

Sandra: In Hamm-Uentrop ist doch das Atom-Kraftwerk.

Anke: Aber in Tschernobyl war auch eins.

(Gespräch von Anke Wagner und Sandra Leschnikowski)

Was wächst in deinem Garten

Alle Rechte beim *IMPULSE*-Musikverlag   4406 Drensteinfurt

Text: Rolf Krenzer   Musik: Ludger Edelkötter

Was wächst in deinem Garten? Verrat' es uns, weil dann ein

jedermann, ein   jedermann sich mit dir freuen kann, ein

jedermann, ein   jedermann sich mit dir freuen kann. Im

Garten wachsen Bäume. Das kann doch jeder sehn.

Große Bäume, kleine Bäume hier im Garten stehn.

2. Was blüht in deinem Garten?
   Verrat' es uns, weil dann
   ein jedermann, ein jedermann
   sich mit dir freuen kann.
   Ein jedermann, ein jedermann
   sich mit dir freuen kann.

Im Garten blühen Rosen.
Das kann doch jeder sehn.
Rote Rosen,
weiße Rosen
hier im Garten stehn.

3. Was erntest du im Garten?
Verrat' es uns, weil dann
ein jedermann, ein jedermann
sich mit dir freuen kann.
Ein jedermann, ein jedermann
sich mit dir freuen kann.

So dicke, rote Äpfel!
Weil ich so viele hab,
rote Äpfel,
dicke Äpfel,
ich geb euch was ab!

Weitere Text-Möglichkeiten:

Im Garten wachsen Sträucher . . .
gerade Sträucher,
krumme Sträucher . . .

Im Garten wachsen Büsche . . .
Große Büsche,
kleine Büsche . . .

Im Garten wächst Gemüse . . .
viel Gemüse,
viel Gemüse . . .

Im Garten blühen Tulpen . . .
Rote Tulpen,
gelbe Tulpen . . .

Im Garten blühen Veilchen . . .
violette
schöne Veilchen . . .

Und gelbe Sonnenblumen . . .
Sonnenblumen,
Sonnenblumen . . .

Und zuckersüße Kirschen . . .
Rote Kirschen,
schwarze Kirschen . . .

Und saftige Tomaten . . .
viel Tomaten,
viel Tomaten . . .

Und dicke, weiße Bohnen . . .
Dicke Bohnen,
weiße Bohnen . . . (usw.)

Aktionsvorschlag

Was wächst in unserem Garten?

Nachdem der Boden entsprechend vorbereitet wurde, pflanzen wir im Frühjahr mit den Kindern einige Pfefferminzpflänzchen. Diese wachsen dann den Sommer über wie Unkraut. Wir können nun die Pfefferminzblättchen nach und nach abernten und bereiten mit den Kindern frischen Tee zu. Oder wir trocknen sie.

Die gebrochenen Pfefferminzblättchen geben wir dann in ein leeres Marmeladenglas.

Dieses haben die Kinder zuvor bunt bemalt.

So kann ein hübsches Geschenk entstehen für einen Menschen, den man lieb hat.

(Tina Haller / Angelika Roth-Kaltenbacher)

Hans, mein Igel

Alle Rechte beim *IMPULSE*-Musikverlag   4406 Drensteinfurt

Text: Rolf Krenzer   Musik: Ludger Edelkötter

Refrain

Hans, mein I-gel wohnt in unserm Garten. Jeden

A-bend treffe ich ihn dort. Sein Zu-

hause, das ist unser Garten. Hans, mein

I-gel, zieh nie wieder fort! Im letzten

Jahr entdeckt ich ihn. Es war schon ziemlich spät. Da

flitzte er an mir vorbei an meinem Gartenbeet. Zu-

erst, da hab ich nur gestaunt und

konnt es kaum ver-stehn. Doch

mei-ne Mutter hat ihn auch im Garten schon gesehn.

I—gel, zieh nie wie-der fort! Hans mein

I—gel, zieh nie wieder fort.

2. Ich bin jetzt oft im Garten drin,
   und manchmal hab ich Glück:
   Dann läuft der Hans an mir vorbei
   zum Kirschbaum und zurück.
   Ich warte oft und steh' ganz still . . .
   und raschelt's irgendwo,
   dann weiß ich, daß mein Igel kommt
   und bin so richtig froh.

3. Ich weiß, wo er im Winter schläft
   und wo er sich versteckt
   und geb gut acht, daß unser Hund
   ihn nicht erschreckt und weckt.
   Im Frühjahr wartete ich bang,
   weil ich ihn nicht mehr sah.
   Da raschelt's plötzlich unterm Laub . . .
   und Hans ist wieder da.

1. Spielanleitung

Hans, mein Igel

Wir berichten von Erlebnissen mit Tieren in unserem Haus, in unserem Garten, auf der Wiese, im Wald, in den Ferien. Kinder können ähnliche Erlebnisse wie mit Hans, dem Igel berichten.

Überlegen und besprechen: Wie nähern wir uns Tieren, wenn wir sie entdeckt haben. Wir machen einen Spaziergang, gehen ganz leise und behutsam und wundern uns, was wir dann alles zu sehen bekommen.

Hier zu auch das Lied: „Seid vorsichtig" und „Spinnlein, Spinnlein".

Rolf Krenzer

2. Spielanleitung

Spieler: - Igel (Ein Kind macht sich ganz klein, legt den rechten Arm auf den Rücken und streckt die Finger hoch als Stacheln)
- Bäume
- Höhle als Schlafplatz des Igels
- Rascheln mit Papier (2 Kinder)
- Garten Stuhlkreis
Die Kinder spielen das Lied pantomimisch.

(Tina Haller / Angelika Roth-Kaltenbacher)

Aktionsvorschlag

Igel als Durchreibetechnik

Material: Karton
Klebstoff
Schere
Papier
Wachsfarbe

Anleitung:
Wir stellen selbst eine Schablone her, indem wir den Igelkörper aus Karton ausschneiden. Die Stacheln werden in Form von kleinen Dreiecken ebenfalls ausgeschnitten und in verschiedener Höhe auf den Karton aufgeklebt. Auf dieselbe Weise wird ein Auge ausgeschnitten und angebracht. Auf die fertige Schablone wird nun ein Blatt Papier aufgelegt und der Igel wird mit Wachsstiften durchgerieben.

(Tina Haller / Angelika Roth-Kaltenbacher

Tiere entdecken

Alle Rechte beim *IMPULSE*-Musikverlag   4406 Drensteinfurt
Text: Rolf Krenzer   Musik: Ludger Edelkötter

Seid   vorsichtig, seid vorsichtig, wenn ihr den Hasen tief im Gras entdeckt. Seid   tief im Gras entdeckt. Behutsam und ganz vorsichtig, daß ihr ihn nicht erschreckt! Du kleiner Hase springe, denn das fällt dir nicht schwer. Dann springen wir, dann springen wir dir alle   hinterher.   Dann springen wir, dann springen wir dir   alle   hinterher.

60

2. Seid vorsichtig,
   seid vorsichtig,
   wenn ihr die Schnecke
   auf dem Weg entdeckt.
   Seid vorsichtig,
   seid vorsichtig,
   wenn ihr die Schnecke
   auf dem Weg entdeckt.
   Behutsam und ganz vorsichtig,
   daß ihr sie nicht erschreckt!
   Du kleine Schnecke krieche,
   denn das fällt dir nicht schwer.
   Dann kriechen wir,
   dann kriechen wir
   dir alle hinterher.
   Dann kriechen wir,
   dann kriechen wir
   dir alle hinterher.

3. Seid vorsichtig,
   seid vorsichtig,
   wenn ihr die Spinne
   in dem Netz entdeckt.
   Seid vorsichtig,
   seid vorsichtig,
   wenn ihr die Spinne
   in dem Netz entdeckt.
   Behutsam und ganz vorsichtig,
   daß ihr sie nicht erschreckt!
   Du kleine Spinne spinne,
   denn das fällt dir nicht schwer.
   Dann spinnen wir,
   dann spinnen wir
   dir alle hinterher.
   Dann spinnen wir,
   dann spinnen wir
   dir alle hinterher.

Weitere Text-Möglichkeiten:

Seid vorsichtig,
wenn ihr Ameisen
auf dem Weg entdeckt . . .
. . . Du Ameise, jetzt laufe . . .

Seid vorsichtig,
wenn ihr die Biene
grad vor euch entdeckt . . .
Du kleine Biene summe . . .

Seid vorsichtig,
wenn ihr den kleinen
Fisch im See entdeckt . . .
Du kleiner Fisch, jetzt schwimme

Spielanleitung

Das Lied gibt Gesprächsanregungen, die sich mit dem verantwortungsbewußten Umgehen mit Tieren, die uns ausgeliefert sind, befassen.
Gedanke des Tierschutzes.
Hierzu eignen sich auch die Spiellieder „Eine dicke Raupe kriecht von Blatt zu Blatt", „Morgens sind die Schmetterlinge müde" (beide aus MC und Liedheft „Hast du etwas Zeit für mich", Impulse-Verlag, Drensteinfurt) und „Kleiner Käfer auf der Hand" (MC und Liedheft „Ich gebe dir die Hände" (Impulse-Musikverlag, Drensteinfurt).

Rolf Krenzer

Hierzu das Lied in LP und Liedheft
„Kleiner Käfer"
aus „Ich gebe dir die Hände" und „Eine dicke Raupe"
aus „Hast du etwas Zeit für mich" (MC u. Liedheft)
Impulse-Musikverlag 4406 Drensteinfurt

Die Sache mit der Schultasche

Wie Martin in die ganze Sache hineingeraten war, wußte er selbst nicht mehr. Er erinnert sich nur, daß sie begonnen hatten, auf dem Pausenhof Fußball zu spielen und daß gleich darauf Herr Dierlamm, der die Aufsicht führte, das verboten hatte. Er hatte ihnen auch den Ball weggenommen und verkündet, daß sie ihn sich nach Schulschluß beim Hausmeister abholen könnten. Natürlich wußte jeder, daß alles, was ein bißchen Spaß machte, auf dem Pausenhof von vornherein verboten war. Aber probiert hatten sie es immer wieder.

Mißmutig standen sie jetzt herum und suchten nach etwas, womit sie ihren Ärger abreagieren konnten. Dann hatte Jürgen die Schultasche entdeckt. Sie stand einsam und ein bißchen versteckt neben dem Container am Schulgebäude. Und neben der Tasche stand ein kleiner Junge mit Nickelbrille, der anscheinend sorgsam darauf achtete, daß ihr niemand zu nahe kam.

„Dann spielen wir halt Taschenfußball!" meinte Jürgen und lachte am lautesten über seinen Witz. „Taschenfußball" hatten sie schon mehr als einmal gespielt. Der besondere Reiz lag darin, daß die Kleinen, denen die Tasche gehörte, dann winselnd und heulend hinter ihnen her rannten und die unsinnigsten Dinge unternahmen, um ihre Tasche wieder zurückzuerhalten. Manchmal war Taschenfußball lustiger als richtiges Spielen mit dem Ball. So liefen sie auch jetzt zu dem Container, um die Tasche zu packen. Aber der Kleine war schneller. Er rannte los und drückte die Tasche bereits fast an sich, als sie in die Nähe kamen.

„Loslassen!" meinte Steffen und zerrte an der Tasche. Doch der Kleine drückte sie nur noch fester an sich. Es war eine neue Tasche aus blauem Segeltuch. Nicht sehr stabil. Aber wenn die Bücher darin beim Taschenfußball auch kaputt gingen, was konnte schon viel geschehen. Schließlich gab es ja Lehrmittelfreiheit. Und irgendein mitleidiger Lehrer würde schon dafür sorgen, daß der Kleine wieder neue Bücher bekäme.

„Hab dich nicht so!" rief Jürgen und zerrte nun auch an der Tasche. Martin packte sie von der anderen Seite. Ein Stoß. Ein kurzer Kampf. Der Kleine lag am Boden, und sie hatten die Tasche.

„Bitte nicht! Bitte nicht!" jammerte er, rappelte sich auf und

rannte hinter ihnen her. Aber sie waren Profis, so konnte der Anfänger die Tasche zumindest jetzt nicht wiederbekommen.

Das weiche Segeltuch erschien ihnen sogar noch besser als der Fußball. jedenfalls ließ sich die Tasche gut treten und flog bei einem entsprechenden Anstoß ein ganzes Stück weit. Sie spielten sich das Ding zu und hatten immer größeren Spaß, je mehr der Kleine versuchte, seine Tasche zu packen. Martin ließ ihn ganz nahe herankommen, dann zielte er kurz und schoß die Tasche zu Jürgen, der sie geschickt mit seinem Fuß stoppte und zu Steffen weiterkickte.

Jetzt kamen noch mehr Kleinere hinzu. „Gib ihm die Tasche zurück!" schrie einer und wollte sich tatsächlich mit Steffen anlegen.

Doch die Tasche mit einem festen Tritt an Martin weiterzugeben und den Kleinen so abzuschütteln, daß er taumelte, das war für Steffen eine Kleinigkeit. Jetzt jagten schon fünf Kleine hinter der Tasche her. Und weil sich das heiße Spiel am Ende des Pausenhofes abspielte, hatte Herr Dierlamm bisher auch noch nichts davon gesehen. Einmal bemerkte Martin, daß zwar viele hinter der Tasche her waren, daß aber der Kleine, dem sie gehörte, sich zu dem Container zurückgezogen hatte. Dort stand er und hatte die Hände vor sein Gesicht geschlagen. Ein Häufchen Elend. Doch bevor sich Martin irgendwie schlecht zu fühlen begann, hatte er bereits alle Hände voll zu tun, um die übrigen Kleinen von der Tasche fernzuhalten, so daß er Platz zu einem neuen sorgfältig ausgerichteten Tritt hatte. Schon flog die Tasche weiter zu Jürgen. Dann war plötzlich Herr Dierlamm da und hatte unversehens die Tasche an sich genommen. Sie sah ganz schön mitgenommen aus.

Und dann standen die Kleinen um den Lehrer herum und petzten. Da setzen sich die Großen schnellstens ab und tauchten in der Menge der übrigen Schüler unter. Gut, daß Herr Dierlamm nicht alle Schüler kannte. Und sicher hatte er nur die Tasche im Blick gehabt, die zwar jetzt ziemlich zertreten, aber doch immerhin gerettet war.

Als dann der Gong zu nächsten Unterrichtsstunde tönte, hatte Martin die ganze Sache fast vergessen. Und das gerade noch „ausreichend" in der Mathearbeit versöhnte ihn mit diesem Schultag.

Zu Hause beim Mittagessen schreckte er plötzlich auf, als er zuhörte, was seine kleine Schwester erzählte. Oft hörte er gar nicht hin. Sie plapperte ständig. Aber als jetzt sein Vater noch einmal nachfragte, ging es ihm durch und durch.
„Jens hat seinen Goldhamster mit in die Schule gebracht." sagt Verena. „Er hat davon erzählt. Und da hat Frau Bartels ihn gebeten, den Hamster doch einmal mitzubringen. Zuerst wollte er nicht. Aber dann hat er ihn heute doch mitgebracht." „Und er war in der Tasche, mit der sie Fußball gespielt haben?" fragte der Vater.
Verena nickte. „Und als Jens dann die Tasche aufmachte, war die Schachtel kaputt."
„Und der Hamster?" fragte die Mutter.
„Tot!"
Verena weinte.
„Tot!" sagte sie noch einmal. „Ganz tot!"
„Und Jens?"
„Er hat gar nichts gesagt. Er hat nur den kleinen Hamster in seinen Händen gehalten. Frau Bartels wollte ihm den Hamster abnehmen. Er hat ihn nicht hergegeben. Er hat ihn die ganze Stunde lang in seinen Händen gehalten und immer wieder angesehen. Er hat ihn immer noch gestreichelt. Dabei war er längst tot."
„Hat denn Frau Bartels nichts getan? Hat sie nicht dem Direktor Bescheid gesagt? Die Jungen, die das getan haben, müssen doch herauszufinden sein!"
„Er war doch tot!" sagt Verena noch einmal und bemühte sich, nicht wieder zu weinen. „Frau Bartels hat dann den Hamster in die kaputte Schachtel gelegt. Jens hat sie mit nach Hause genommen. Er hat den ganzen Morgen nichts mehr gesagt."
„Hast du denn nichts gesehen?" fragte der Vater und blickte Martin kurz an. Doch Martin schüttelte nur den Kopf.
„Martin hätte dem Jens und seinem Hamster geholfen!" sagte Verena.
Und keiner zweifelte daran.

Einen ganzen Nachmittag, einen ganzen Abend und eine ganze Nacht lang trug Martin die Sache mit sich herum. Es war noch nicht einmal nur der kleine Junge, den er nicht mehr aus seinen Gedanken verdrängen konnte. Es war der Hamster, den sie totgetreten hatten. Martin hatte selbst einmal einen Hamster gehabt. Und er erinnerte sich nur zu gut daran, wie furchtbar es damals gewesen war, als eines Morgens dieser Hamster tot im Zimmer gelegen hatte. Hansi hatte sein Hamster geheißen. Am Morgen stand es für Martin fest, daß er dem Jungen einen neuen Hamster kaufen würde. Aber war das ein Ersatz für ein Tier, dessen Tod er verschuldet hatte? Er würde dem Jungen auch eingestehen, daß er einer von denen gewesen war, die mit seiner Tasche Taschenfußball gespielt hatten. Vielleicht würde der Kleine seiner Lehrerin sagen, wer daran schuld war. Vielleicht würde es zu unangenehmen Folgen für Martin kommen. Klar, daß er Jürgen und Steffen nicht verraten würde. Nein, in dieser Sache würde er dicht halten.

Aber für sich mußte er die Sache regeln. „Martin hätte dem Jens und seinem Hamster geholfen!" hatte Verena gesagt. Martin begann zu schwitzen, wenn er nur daran dachte. Und er konnte diese Gedanken nicht verdrängen.

Als Jens an diesem Tag von der Schule nach Hause ging, bemerkte er plötzlich, daß ihm ein großer Junge folgte. Und voller Schrecken erkannte Jens den Jungen wieder, der gestern dabei war, als sie ihm die Tasche abgenommen hatten. Da begann Jens zu laufen. Er lief so schnell er konnte. Längst hatten sie die belebten Straßen hinter sich gelassen.

Jetzt gab es nur noch den schmalen Abkürzungspfad, der zur nächsten Straße führte. Da hatte der große Junge Jens eingeholt. Jens ließ die Tasche fallen und schlug die Hände vor sein Gesicht. Der Große hielt ihn an der Schulter fest.

„Du!" sagte der Große schließlich und keuchte noch von dem schnellen Laufen. „Ich wollte dir sagen . . . mit dem Hamster . . .! Das tut mir leid."

Jens blinzelte den großen Jungen ängstlich an.

Ja, er erkannte ihn wieder.

„Ich habe dir einen Hamster gekauft!" sagte der Große jetzt und drückte Jens einen kleinen Karton in die Hand.

Zunächst wollte Jens den Karton nicht nehmen. Als er aber den Jungen anblickte, da spürte er den Schmerz in seinen Augen.

„Wieder ein Hamster . . .? fragte er nur zögernd.

„Meine Schwester geht in deine Klasse!" sagte der Junge.

„Ich bin Martin Thamer." Er seufzte.

„Es tut mir leid! Du kannst alles der Frau Bartels sagen!"

Dann wandte er sich um und rannte davon.
Jens sah ihm nach. Er hatte noch immer den Karton in der Hand.
Und er hörte es in dem Karton leise rascheln.

Rolf Krenzer
aus: Habt acht auf Gottes Welt
Lahn-Verlag, Limburg

Wasserspiele

Alle Rechte beim *IMPULSE*-Musikverlag   4406 Drensteinfurt
Text: Rolf Krenzer   Musik: Ludger Edelkötter

Sie waren zur Nord-see ge — kommen mit

Fahr-rä-dern und ih-rem Zelt und

hatten so viel unter — nommen und

freuten sich an der Welt. Sie brutzelten sich ihr

Essen und schwammen täglich im Meer und

hatten die Schule ver — ges-sen, An-

dreas, Rainer und Per. Und

hatten die Schule ver — ges-sen, Andreas, Rainer und Per.

2. Sie hatten im Sand gelegen.
   Und manch eine Wasserschlacht
   hatte ihnen selbst im Regen
   so gut wie nichts ausgemacht.
   Sie hatten auch Mädchen getroffen
   und saßen mit ihnen am Meer.
   Sie warn auch mal abends besoffen.
   Andreas, Rainer und Per.
   Sie warn auch mal abends besoffen.
   Andreas, Rainer und Per.

3. Sie blieben am Wasser stehn.
   Andreas, Rainer und Per.
   Der Mond schien. Kein Mensch war zu sehen.
   So pinkelten sie in das Meer.
   Wer schafft wohl den höchsten Bogen?
   So forderten sie sich heraus
   und pinkelten ungelogen
   weit in das Meer hinaus.
   Und pinkelten ungelogen
   weit in das Meer hinaus.

4. Da mußten die Wellen lachen.
   Da ist ein Wind aufgewacht
   und sah, was die drei da machen,
   und blies zurück mit Macht.

Die Hosen, die Hemden, die bunten,
waren naß. Sie wußten, woher.
Bepinkelt von oben bis unten.
Andreas, Rainer und Per.
Bepinkelt von oben bis unten.
Andreas, Rainer und Per.

5. So oft sie zusammengesessen,
Andreas, Rainer und Per,
das haben sie nie vergessen:
den Sommer, den Wind und das Meer.
Das haben sie nie vergessen.
Andreas, Rainer und Per.

Methodischer Hinweis

Wasserspiele

Erfahrungsgemäß haben bereits Vorschulkinder ihren hellen Spaß an der über-
raschenden Pointe. Das Lied bringt aber auch zum Nachdenken: Was ist unan-
ständig, verantwortungslos, wenn man ins Meer pinkelt, oder wenn giftige Ab-
wässer unsere Flüsse und Meere verseuchen?

Rolf Krenzer

Mülltauschlied

Alle Rechte beim *IMPULSE*-Musikverlag   4406 Drensteinfurt
Text: Rolf Krenzer   Musik: Ludger Edelkötter

Was ich nicht mehr ha-ben will,

wan-dert längst nicht in den Müll

Was ich nicht mehr ha—ben will,

wan-dert längst nicht in den Müll

denn ich frag bei je-dem an,

ob er was ge—— brauchen kann.

Fragt er, was ich da—für will,

sag ich was, sag ich was,

sag ich was aus dei—nem Müll.

Spielanleitung

Wir bringen Sachen, die wir nicht mehr gebrauchen können, die vielleicht in den Müll wandern könnten mit und machen eine große Mülltauschaktion.

Jeder hat etwas, was er tauschen will. Einer geht nun zu dem Lied im Kreis herum und beginnt damit. Es werden immer mehr. Zum Schluß tauschen wir immer wieder.

Am Ende des Spiels überlegt jeder für sich, ob er das Eingetauschte mit nach Hause nehmen oder an einem folgenden Tag wieder in das Mülltauschspiel hineinbringen möchte.

Nimmt er es mit nach Hause, muß er natürlich wieder etwas anderes zum Tauschen mitbringen.

Hierzu die Geschichte: Getauscht ist getauscht.

Rolf Krenzer

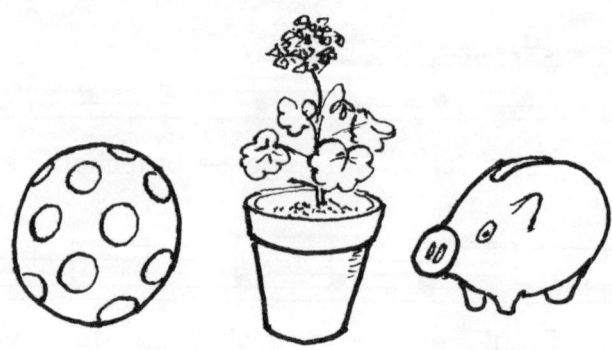

Getauscht ist getauscht

Gestern hat Bernd einen kleinen Marienkäfer zum Anstecken in einer alten Schachtel auf dem Boden gefunden. Heute kommt er damit zur Schule. Stolz zeigt er den Freunden seinen Schatz. Peter nimmt das kleine Ding vorsichtig in die Hand und betrachtet es prüfend.

„Der Marienkäfer ist ganz hübsch!"

Dann kramt er in seiner Hosentasche herum und holt schließlich einen nagelneuen Kugelschreiber daraus hervor. Den hält er Bernd vor die Nase und sagt: „Wollen wir tauschen? Kugelschreiber gegen Marienkäfer!"

Bernd betrachtet sich den Kugelschreiber von allen Seiten. Einen solchen Stift hat er sich schon immer gewünscht. Aber seine Eltern kauften ihm keinen. Sie meinten: Ein Kugelschreiber verdirbt deine Schrift!"

Und nun liegt der Stift so verlockend auf Peters Hand.

„Gut!" sagt Bernd. „Wir tauschen!"

Glücklich übernimmt er den Kugelschreiber und läßt Peter den Marienkäfer. Im Klassenzimmer sitzt Bernd neben Markus und zeigt ihm gleich den neuen Kugelschreiber. Markus betrachtet ihn staunend. Dann sucht er in seinem Ranzen herum, schon hält er Bernd einen bunten Bleistiftspitzer vor die Nase.

„Wollen wir tauschen? Spitzer gegen Kugelschreiber?"

Bernd schaut nachdenklich auf den schönen Spitzer. Er hat schon so lange Markus um diesen Spitzer beneidet. Deshalb gibt er ihm den Kugelschreiber und steckt den Spitzer glücklich in sein eigenes Mäppchen.

In der Pause zeigt er Gerd den Spitzer. Gerd ist hell begeistert. Er bietet Bernd ein Tütchen voll Briefmarken an und fragt: „Wollen wir tauschen?" Bernd sammelt eifrig Briefmarken. Er kann nie genug davon bekommen.

Deshalb gibt er den Spitzer her. Die Briefmarken verschwinden in seiner Hosentasche. In der nächsten Stunde betrachtet Bernd heimlich die neuen Marken und stellt ärgerlich fest, daß er alle schon längst besitzt. Nur eine einzige Marke hat er noch nicht. Er legt diese Briefmarke in sein Mäppchen. Die anderen Marken steckt er zurück in das Tütchen und versenkt es in seine Hosentasche.

Dann schaut er zu Gerd hinüber. Gerd ist eifrig dabei, seine Buntstifte zu spitzen.

Nach der Schule geht Bernd mit Peter nach Hause.

Da sagt Bernd: „Ich habe neue Briefmarken!"

Er zieht das Tütchen aus seiner Hosentasche, Peter greift schnell danach und öffnet es. Seine Augen werden immer grösser. Er ruft: „Diese Marken habe ich alle noch nicht. Wollen wir tauschen?"

Bernd fragt vorsichtig: „Was bietest du mir dafür?"

Da kramt Peter in seiner Tasche und holt den Marienkäfer heraus. „ich gebe dir den Marienkäfer. Und du gibst mir die Briefmarken!"

So schnell hat Bernd noch nie getauscht.

Glücklich läuft er mit dem Marienkäfer nach Hause.

Nach dem Mittagessen zeigt Bernd seinem Vater die neue Briefmarke.

„Ich hab sie eingetauscht!" sagt Bernd stolz.

Sein Vater will wissen: „Was hast du dafür gegeben?"

Bernd antwortet: „Meinen kleinen Marienkäfer."

„Dein Marienkäfer steckt doch hier an deiner Jacke" wundert sich der Vater.

„Na, und?" sagt Bernd.

Rolf Krenzer/R. Rogge
aus: Kurze Geschichten, Bd. 1
Kaufmann, Lahr – Kösel, München, 5. Aufl. 1985

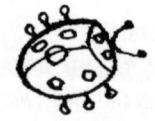

Ich und du, Müllers Kuh (Tanz-Kanon)

Alle Rechte beim *IMPULSE*-Musikverlag   4406 Drensteinfurt

Text: Rolf Krenzer Musik: Ludger Edelkötter

Ich und du, Müllers Kuh, Müllers Esel,
der bist du, denn dein Müll und mein
Müll ist in je–dem Fall zu–viel

Spielanleitung

Müll-Tanz-Kanon

Wir gehen in drei Kreisen, wobei der 1. und 3. Kreis entgegengesetzt zu dem 2. Kreis geht. Dazu können wir folgende Gesten ausführen:

Ich und du, Müllers Kuh
(Wir zeigen auf uns und auf die, die uns entgegenkommen)
Müllers Esel, der bist du.
(Wir deuten mit den Händen am Kopf Eselsohren an)
Denn dein Müll und mein Müll
(wir schleppen pantomimisch schwere Müllsäcke vor uns her)
ist in jedem Fall zu viel!
(wir lassen beide Hände nach unten sinken, winken ab, schütteln die Köpfe ratlos)

Rolf Krenzer

Der Werner mit der blauen Krähe

Kennt ihr den Werner?

Wie, ihr kennt den Werner nicht mit der blauen Krähe?
Ha, das ist irgendwie ein Teufelskerl. Also, ich hab ihn kennen-
gelernt, da bastelte er gerade an einer Maschine, und zwar
nannte er sie später die „Gulli-Pulli-Müllmaschine". Das war ein
Geschoß! Da hat er aus ganz alten Klamotten ein komisches
Auto gebaut.
Aber ich will etwas ganz anderes erzählen: Der Werner, der holt
sich Sachen, die andere wegwerfen, repariert sie, dann macht
er sie sauber, streicht sie noch an und hinterher seh'n sie ganz
toll aus.
Dann bietet er sie teilweise denselben Leuten wieder an, die sie
weggeworfen haben. Ha, ha! Und für teures Geld kaufen sie
ihren früher weggeworfenen Müll wieder.
Ha, ha! Das ist der Werner mit der blauen Krähe.

Ludger Edelkötter

Die Spinne spinnt

Alle Rechte beim *IMPULSE*-Musikverlag   4406 Drensteinfurt

Text: Rolf Krenzer   Musik: Ludger Edelkötter

Die Spinne spinnt, es maust d ie Maus. Die

Schnecke   hockt ver—schneckt im   Haus. Der

Aal aalt sich zu   je—der Stund. Den

Wurm wurmt's auf dem Meeres—grund. Da

sagt der al—te Bär :   So

bindet man euch   Bären auf ! Und

jeder merkt: Das stimmt !   Wenn

man das all-zu wört-lich, wenn

man das all-zu wört-lich nimmt.

2. Ganz lahm daher
das Lama trabt.
Das Schwein hat wieder
Schwein gehabt.
Der Tiger tigert
durch den Wald.
Dem Eisbären ist's
im Eis zu kalt.

3. Der Luchs luchst aus
dem Bau heraus.
Das Pferd fährt los
mit Saus und Braus.
Es stiert der Stier,
daß einem graut.
Die ganze Gans
hat Gänsehaut.

4. Die Spinne spinnt,
es maust die Maus.
Die Schnecke hockt
verschneckt im Haus.
Der Aal aalt sich
zu jeder Stund.
Den Wurm wurmt's
auf dem Meeresgrund.

Spielanleitung

In diesem Spiel sollen Tiere einmal ganz anders dargestellt werden.
Das macht viel Spaß, wenn ein Lama lahm dahertrabt, die Spinne spinnt oder
wenn der Tiger durch den Wald tigert.
*Daran abschließen kann sich ein **Ratespiel** mit weiteren Begriffen, die ver-*
rückt werden, wenn man sie allzu wörtlich nimmt, zum Beispiel: das Haus
haust im Wald, das Buch bucht eine Reise, der Tisch tischt etwas auf, das Ei eiert
die Straße entlang, die Wurst wurstelt herum, der Stift stiftet Unruhe, die Krähe
kräht usw.

Rolf Krenzer

Spinnlein, Spinnlein, Spinnebein

Alle Rechte beim *IMPULSE*-Musikverlag   4406 Drensteinfurt
Text: Rolf Krenzer   Musik: Ludger Edelkötter

Spinnlein, Spinnlein, Spinnebein sag bist du zu

Haus? Im Spinnennetz, im Spinnennetz, da

schaun wir nach dir aus. Wir war-ten und

war-ten vor dei-nem Ver-steck. Da

flitzt die Spinne durch das Netz und

ist schon wieder weg. Da weg.

Spielanleitung

Wir stehen in einem Kreis oder in mehreren Kreisen umeinander. Der Spielleiter sagt einem heimlich, daß er jetzt die Spinne darstellen soll.
Wir beginnen zu singen und sehen uns erwartungsvoll nach der Spinne um. Wo mag sie sein?
Wenn es heißt „Da flitzt die Spinne durch das Netz . . .", flitzt der Spieler, der die Spinne darstellt, los und sucht sich einen anderen Platz im Kreis.
Inzwischen hat der Spielleiter bereits einem anderen Spieler heimlich gesagt, daß er in der nächsten Spielrunde die Spinne darstellen darf.
Der Spieler der Spinne darf aber auch selbst die nächste „Spinne" bestimmen (Heimlich anstoßen, zuzwinkern usw.).

Rolf Krenzer

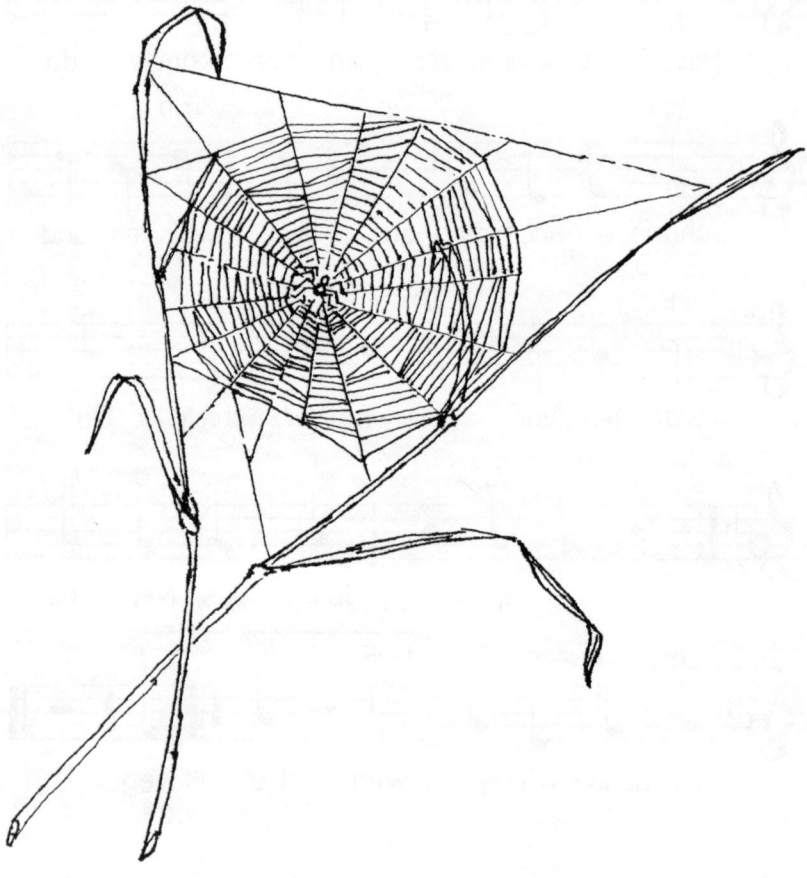

Geschichten von Kindern und Tieren

Die große Künstlerin

Als Peter die Tür des Schuppens öffnet, fällt ihm eine kleine Spinne vor die Füße. Fast hätte er sie mit seinem Schuh totgetreten.

Peter bückt sich und hebt die Spinne vorsichtig auf. Ganz ruhig sitzt sie nun in seiner Hand. Ob sie Angst hat? Peter betrachtet staunend die acht langen, behaarten Beine, Sie sehen so zerbrechlich aus.

Wo mag die Spinne wohl hergekommen sein? Da sieht Peter über der Tür ein Spinnennetz. Beim Öffnen der Tür ist es zerrissen. Nun hängen nur noch einige lange Fäden herunter. Alle feinen Fäden hat die Spinne gewebt. Sie hat sich ein kunstvolles Fangnetz gebaut. Peter sieht auch zwei vertrocknete Flügel einer Fliege. Bestimmt war sie in das Netz geflogen und dort hängengeblieben. Dann hatte die Spinne sie ausgesaugt.

Die Spinne vertilgt viel Ungeziefer. Sie wartet ganz still in ihrem Netz, bis eine Fliege eingefangen ist. Dann stürzt sie sich über das Tier und frißt es auf. Das Loch in ihrem Netz flickt sie schnell wieder. Sie ist ein guter Freund des Menschen. Wieviel kleines Ungeziefer würde uns plagen, wenn es keine Spinnen gäbe!

Peter würde die Spinne gern seiner Schwester zeigen. Aber er weiß: Viele Mädchen schreien, wenn sie Spinnen sehen.

So setzt er die kleine Spinne ganz vorsichtig wieder auf den Boden. Sie läuft schnell davon. Da klettert sie schon an der Wand hoch. Bestimmt wird sie gleich anfangen, ein neues Netz zu weben.

Rolf Krenzer

Mein Einkaufskorb

Alle Rechte beim *IMPULSE*-Musikverlag   4406 Drensteinfurt

Text: Rolf Krenzer   Musik: Ludger Edelkötter

Ich ha-be ei nen Weidenkorb zu

Weihnachten be — kommen. Seit-

dem wird dieser Weidenkorb von

mir stets mit-ge-nommen. Denn da paßt soviel

Refrain

rein! Zur Plastik-Plemplem-Plastik — tü-te

sag ich seit dem : Nein! Ob

voll, ob leer, ob leicht, ob schwer. Ein

jeder fragt: Wo hast du bloß den

Weidenkorb nur her? Ein

je-der fragt: Wo hast du bloß den

Weidenkorb nur her?

2. Ne Jutetasche nehm ich hin.
   Doch sag ich: „Gott behüte!",
   steckt man die Lebensmittel in
   ne doofe Plastiktüte.
   Dann schrei ich: Nein, nein, nein!
   Zur Plastik-Plemplem-Plastiktüte
   sag' ich seitdem nein!

3. So luftig ist mein Einkaufskorb.
   Du brauchst mich nur zu fragen.
   Denn magst du meinen Einkaufskorb,
   dann darfst du ihn mal tragen.
   Dann wünschst du sicherlich
   statt Plastik-Plemplem-Plastiktüte
   dir nen Korb wie ich!

Weitere Text-Möglichkeit:

Ein Netz, von mir aus, auch Papier.
Da bin ich gar nicht prüde.
Doch streike ich, steckt jemand mir
was in ne Plastiktüte.
Dann schrei ich: Nein, Nein, nein!
Ne Plastik-Plemplem-Plastiktüte
soll es niemals sein!

Aktionsvorschlag

Mein Einkaufskorb

Das Lied regt an, alle Plastiktüten in der Gruppe und sonstwo zu verbannen. Wir können Körbchen aus Pappe oder anderem Material basteln, zum Beispiel auch ein Körbchen aus Peddigrohr flechten.

Ein schöner Weidenkorb in der Gruppe (für besonders schöne Dinge oder zum Mitnehmen beim Einkaufen, zum Picknick usw.) kann ein Vorbild sein und anregen, sich einen ähnlichen Korb zu Weihnachten oder zum Geburtstag zu wünschen.

(Tina Haller / Angelika Roth-Kaltenbacher)

Plastiksack
Jutesack

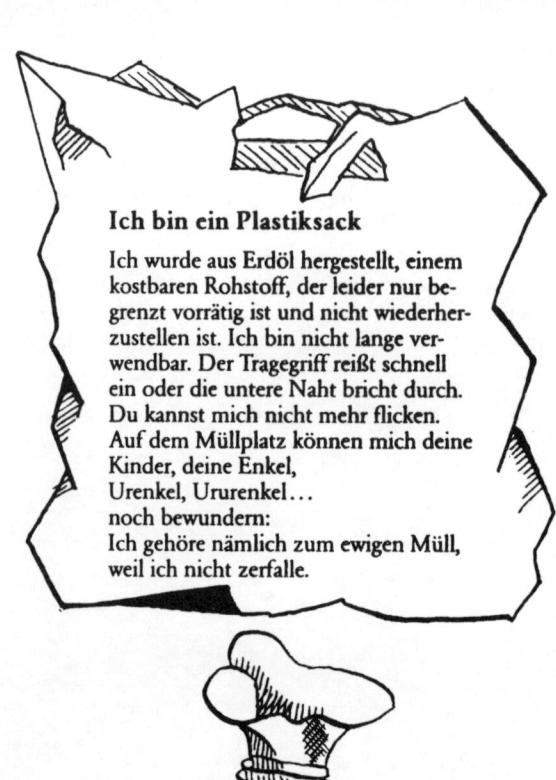

Ich bin ein Plastiksack

Ich wurde aus Erdöl hergestellt, einem kostbaren Rohstoff, der leider nur begrenzt vorrätig ist und nicht wiederherzustellen ist. Ich bin nicht lange verwendbar. Der Tragegriff reißt schnell ein oder die untere Naht bricht durch. Du kannst mich nicht mehr flicken. Auf dem Müllplatz können mich deine Kinder, deine Enkel, Urenkel, Ururenkel... noch bewundern: Ich gehöre nämlich zum ewigen Müll, weil ich nicht zerfalle.

Vergleiche

Aktion Jutetaschen: Im 3. Welt-Laden besorgen und mit lustigen Motiven (Kartoffeldruck) schmücken. Verkaufen vor einem Supermarkt und dabei den Vergleich vorstellen!

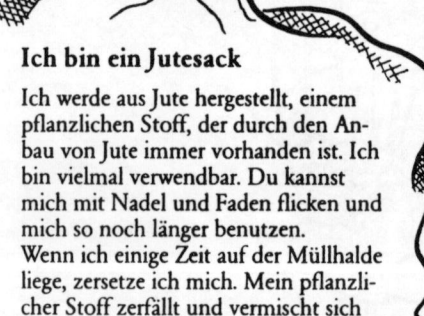

Ich bin ein Jutesack

Ich werde aus Jute hergestellt, einem pflanzlichen Stoff, der durch den Anbau von Jute immer vorhanden ist. Ich bin vielmal verwendbar. Du kannst mich mit Nadel und Faden flicken und mich so noch länger benutzen. Wenn ich einige Zeit auf der Müllhalde liege, zersetze ich mich. Mein pflanzlicher Stoff zerfällt und vermischt sich mit der Erde. Deine Kinder werden mich nicht mehr finden.

aus: Peter Musall (Hrsg): Gottes Schöpfung — uns anvertraut
Burckhardthaus-Laetare Verlag, Offenbach (Main)

In unserm Wald, da haben sie gehaust

Alle Rechte beim *IMPULSE*-Musikverlag   4406 Drensteinfurt

Text: Rolf Krenzer   Musik: Ludger Edelkötter

In unserm Wald,dort ha ben sie ge—haust   und

ließen soviel Müll zurück,daß einem nur so graust. Der

Wald, der Wald   soll   wieder sauber sein!   Wir

sammeln den vergammelten vergeß-nen Ab-fall ein.

Refrain

Plastik—becher,Kekspapier, leere Dosen,Cola, Bier,

Schach-teln, Kip-pen, Ein-weg-fla-schen,

Zei—tun—gen und Pla—stik—ta—schen.

Weg-ge-worf ner Dreck ! Der muß endlich weg !

2. In unsrer Stadt,
   da haben sie gehaust
   und ließen so viel Müll zurück,
   daß einem nur so graust.
   Die Stadt, die Stadt
   soll wieder sauber sein!
   Wir sammeln den
   vergammelten
   vergeß'nen Abfall ein.

3. In unserm Raum,
   da haben sie gehaust
   und ließen so viel Müll zurück,
   daß einem nur so graust.
   Der Raum, der Raum
   soll wieder sauber sein!
   Wir sammeln den
   vergammelten
   vergeß'nen Abfall ein.

Weitere Text-Möglichkeiten:
Auf unserm Markt . . .
Vor unserm Haus . . .
Am Campingplatz . . .
Am Trimmdichpfad . . .
Beim Waldspielplatz . . .
Am Rastplatz auch . . .

Spielanleitung

Es kann nicht beim Singen und Spielen bleiben. Wir sind verantwortlich für unsere nächste Umwelt. Und das fängt in unserer Gruppe und in dem Hof der Schule oder des Kindergartens direkt an.

Dabei wird auch deutlich, daß „sie, die da gehaust haben" oft wir selber sind. (In unserm Raum, da haben sie gehaust . . ., im Klassenraum, da haben sie gehaust usw.)

Weitere Aktionen sollen folgen: Gemeinsames Säubern der Straße vor der Schule, dem Kindergarten, eines Waldspielplatzes, der Haltestelle des Schulbusses usw.

Rolf Krenzer

Die Versammlung im Walde

Einmal im Herbst treffen sich die Tiere in der Waldlichtung kurz hinter der Haincher Höhe. Dann besprechen sie alles, was sie in diesem Jahr erlebt haben und beraten gemeinsam, wie sie sich für den Winter und für das neue Jahr besser vorbereiten können. In diesem Jahr sind die Klagen der Tiere besonders laut. Alle klagen über die Menschen. Mit ihren Autos haben sie in diesem Jahr wieder so viele Tiere totgefahren, daß die Toten kaum noch zu zählen sind. Frösche und Igel, Hasen und Rehe, Katzen und Hunde. Aber das ist noch nicht alles, worüber die Tiere klagen. Immer mehr Bäume sterben, weil die Menschen mit ihren vielen Fabriken und Autos die Luft so verschmutzen, daß saurer Regen vom Himmel fällt, der alles krank macht und sterben läßt.

Überall hinterlassen die Menschen ihre Spuren. Und die Tiere sind den Menschen schutzlos ausgeliefert.

Als die Versammlung schon über vier Stunden gedauert hat, kommt noch ein Hase angehoppelt. Er ist ganz außer Atem.

„Warum bist du nicht pünktlich gekommen?" fragen ihn die anderen Tiere vorwurfsvoll. „Du hättest von uns allen erfahren, was die Menschen in diesem Jahr mit uns Tieren getan haben. Jetzt mußt du doppelt vorsichtig sein, weil du nicht weißt, was dir alles passieren kann!"

Der Hase verschnauft sich einen Augenblick. Dann sagt er: „Ich habe etwas ganz besonderes erlebt und konnte es zuerst nicht glauben, was ich mit meinen eigenen Augen gesehen habe!"

Erstaunt horchen die anderen Tiere auf. Dann setzen sie sich im Kreis um den Hasen herum und hören ihm zu.

„Stellt euch vor!" sagt der Hase. „Heute morgen kam eine ganze Gruppe von Kindern mit ihren Erzieherinnen durch den Wald. Aha, dachte ich, jetzt bringen sie wieder ihre Coladosen mit und das viele Stanniolpapier und die Plastikbecher. Und dann sieht es wieder hinterher im Wald so aus, wie es immer aussieht, wenn Menschen da waren!"

„Wie auf einer Müllkippe!" sagen die anderen Tiere und nicken traurig mit den Köpfen.

„Nein, diesmal war es anders!" sagt der Hase. „Ich wollte es zuerst wirklich nicht glauben. Sie setzten sich auf eine kleine Waldwiese, sangen und spielten miteinander und packten dann

ihr Frühstück aus. Aber stellt euch vor, als sie fertig waren, holte jemand eine große Plastiktüte heraus. Da kamen alle herbei, sammelten alles auf, was sie fortgeworfen hatten, und packten es in die große Tüte hinein. Dosen und Papier, Flaschen und Becher. Ich habe lange gewartet und alles beobachtet. Ich konnte es einfach nicht glauben, daß sie den Müll wirklich wieder mitnahmen. Aber sie trugen den Sack wirklich aus dem Wald heraus!"

„Und ließen sie nichts zurück? Wirklich nichts?" fragten die anderen Tiere. Der Hase schüttelt den Kopf. „Es waren Kinder!" sagt er.

„Vielleicht lernen die erwachsenen Menschen einmal von ihnen etwas!" meint der alte Rehbock bedächtig. „Vielleicht lernen sie noch etwas von ihren Kindern!"

„Jemand muß doch damit anfangen!" sagt der Igel.

Und der Hase fügt hinzu: Ja, es war wirklich ein Anfang! Und diese Kinder werden auch einmal erwachsen sein. Vielleicht werden sie sich dann noch so verhalten wie heute!"

„Ja, hoffentlich!" sagt der alte Rehbock. Und die anderen Tiere nicken.

Rolf Krenzer
aus: Die Herbstzeit im Kindergarten
Verlag Ernst Kaufmann, Lahr, 1986

Der Lumpensammler Kasimir

Text: Rolf Krenzer   Musik: Ludger Edelkötter

Der Lumpensammler Kasimir fährt

langsam durch die Stadt, von Haus zu Haus, von

Tür zu Tür. Seht nach, wer Lumpen

hat! Eisen, Lumpen, Plastik und Papier! Der

Lumpensammler Kasimir ist wieder hier!

Eisen, Lumpen, Plastik und Pa – pier

Ka-si-mir ist wieder hier!

2. Den Lumpensammler Kasimir,
den kennt doch jedermann
und schleppt die Sachen vor die Tür,
die er entbehren kann.

3. Den Lumpensammler Kasimir
fährt weiter durch den Ort
und hat für jeden an der Tür
auch noch ein nettes Wort.

4. Wir machen es wie Kasimir
und sammeln Lumpen heut.
Die bringen wir dem Kasimir,
daß er sich endlich freut!

neuer Refrain: Reste, Lumpen, alles sammeln wir!
Wir machen es wie Kasimir.

Weitere Text-Möglichkeiten:

Der Lumpensammler Kasimir
fährt weiter durch die Stadt.
Von Lumpen bis zum Altpapier
gibt jeder, was er hat.

He, Lumpensammler Kasimir,
ich laß dich nicht im Stich!
Und klingelst du vor meiner Tür,
hab ich auch was für dich!

Spielanleitung

Mit einem Wagen ziehen wir von einer Gruppe zur anderen und sammeln z.B. am Ende des Jahres, des Schuljahres, nach einem Kostüm- oder Fastnachtsfest, nach dem Sommerfest die übriggebliebenen Reste ein. Wir sortieren, was man noch verwerten kann usw.
Das Spiel kann auch als Kreisspiel gespielt werden. Dann zieht einer mit seinem Wagen im Kreis herum und sammelt alle möglichen Gegenstände ein. Er steckt sie in einen Sack, und wir müssen anschließend ertasten und erraten, was alles in dem Sack ist.

Rolf Krenzer

Alois der Alufresser

Alle Rechte beim *IMPULSE*-Musikverlag 4406 Drensteinfurt
Text: Rolf Krenzer Musik: Ludger Edelkötter

Refrain

Alois, der Alu-fresser wartet nur darauf und

frißt alles Alu, Alu, Alu, er frißt alles Alu

Vers

mit Vergnügen auf. Der A-lo-is steht

bei uns rum und ist auf A—lu scharf. Er

ist nur richtig froh, wenn er viel Alu fressen

darf. Dann mampft und mampft und

schluckt er gierig alles, alles, was aus Alu ist, weil

Alo-is, der Alufresser so gern Alu frißt

so gern Alu frißt.

2. Der Alois steht da und späht
und ist dann sehr betrübt,
wenn einer ihm was anderes
als seinen Alu gibt.
Dann weint und jault er voller Jammer
und wird müd und matt,
weil Alois, der Alufresser
schlimmes Bauchweh hat,
schlimmes Bauchweh hat.

Refrain: Alois, der Alufresser
wartet nur darauf
und frißt alles Alu, Alu, Alu,
er frißt alles Alu
mit 'nem Rülpser auf.

3. Ganz übel wird's dem Alois,
er grämt sich fast zu Tod,
wenn man ihm Lebensmittel gibt,
zum Beispiel Obst und Brot.
So krank ist dann der Alu, Alufresser,
daß ihr's alle, alle, wißt,
weil Alois der Alufresser
nur gern Alu frißt,
nur gern Alu frißt.

Spielanleitung

*Wir basteln einen Alufresser und stellen ihn bei uns im Zimmer auf. Wir kön-
nen auch einen zweiten Alois für zu Hause basteln.*   *Rolf Krenzer*

Aktionsvorschlag

Alois, der Alufresser

Material: 1 Tonne
- gebrauchte Alufolie
- Klorollen, Joghurtbecher, Karton, Eierschachteln, Woll- und Stoffreste u.a. wertfreies Material
- Klebstoff

Anleitung:
Mit Alufolie, Stoffresten oder Buntpapier wird die Tonne beklebt. Augen, Mund, Nase und Ohren können frei nach Phantasie mit den verschiedenen Materialien gestaltet werden. Jeder selbst entscheidet, ob sein Alufresser einen lustigen Hut auf den Kopf bekommt oder hinterher Zottelhaare aus Wolle oder Papier hat. Wichtig wäre nur, daß eine Öffnung vorhanden ist, durch die die Kinder den Alufresser mit Alufolie und sauberen Joghurtdeckeln füttern können.

(Tina Haller / Angelika Roth-Kaltenbacher)

Entschuldigungslied für Friederich, den Fisch

Alle Rechte beim *IMPULSE*-Musikverlag   4406 Drensteinfurt
Text: Rolf Krenzer   Musik: Ludger Edelkötter

Der Fluß ist nicht mehr sau—ber. Das

Wasser nicht mehr rein. Und zwischen Schmutz und

Abfall muß jetzt dein Zu—hau-se sein.

Refrain

Frie-de—rich, du kleiner Fisch,

Friederich entschul-di—ge, Friederich, du

klei ner Fisch, Friede—rich,

ich ent-schul-di—ge mich.

97

2. Vergiftet ist das Wasser
   bis weit ins Meer hinaus.
   Du schwimmst im Unrat hin und her.
   Du kannst ja nicht heraus.

3. Du kannst dich nicht beschweren,
   denn du bist leider stumm.
   So leidest du und schwimmst in
   unserem Schmutz und Gift herum.

4. Ich hole viele Leute,
   damit es alle sehn.
   Wir lassen das nicht länger zu.
   Es muß etwas geschehn.

Refrain: Friederich,
         du kleiner Fisch,
         Friederich, entschuldige,
         Friederich, du kleiner Fisch,
         Friederich,
         ich tu etwas für Dich!

Hierzu das Lied in MC und Liedheft
„Wir brauchen Wasser"
aus „Hallo du im Nachbarhaus"
Impulse-Musikverlag 4406 Drensteinfurt

Aktionsvorschlag

Wir malen eine Tapetenbahn mit Farben an. Sie stellt den Bach oder den Fluß dar, in dem der Fisch Friederich leben muß. Wir schneiden aus Pappe alle möglichen Dinge aus, die in den Fluß geworfen werden und kleben sie dort auf. Es können auch reale Gegenstände sein. Friederich, der Fisch, schwimmt zu dem Lied in diesem Bach umher, wir zeigen dazu, was alles seine Wohnung verschmutzt.

Möglichkeiten:
Einer spielt den Fisch. Dialog, worüber sich der Fisch beschweren würden wenn er reden könnte.
Die Fische beklagen sich.

Gespräch:
Was können wir tun, damit es bei Friederich wieder sauber wird, damit er wieder froh leben kann.

Weiterführung:
Anlegen eines Aquariums in der Gruppe
Verantwortung übernehmen (Fische füttern, Aquarium sauber halten)
Einen Teich mit Fischen besuchen, Fische beobachten.
Verschmutzte Ufer eines Baches reinigen.

Rolf Krenzer

Aktionsvorschlag

Material: — verschiedene Gläser mit Wasser
— Plastikbecher
— Papier
— Blechdose

Ziel:
Die Kinder sollen erkennen, was sich im Wasser nicht auflöst und daraus folgern, daß solche Dinge nicht in den Fluß geworfen werden.

Methodische Möglichkeit:
Gesprächseinstieg — Was findet man alles am Ufer oder auf dem Grund eines Baches oder Flusses?
Mit den Kindern zusammen führen wir das Experiment aus, indem wir die oben aufgeführten Gegenstände in die Wassergläser geben. Die Wassergläser stellen wir auf die Fensterbank und beobachten sie über einen längeren Zeitraum. Das Ergebnis ist, daß die Kinder wirklich sehen, wie durch solche Dinge unsere Gewässer verschmutzt werden.

Experiment Öl — Federn — Wasser

Ziel:
Erkennen, daß im ölhaltigen Wasser Federn verkleben und daraus eine Gefahr für viele Tiere besteht.

Methodische Möglichkeit:
Einstieg — Beobachtung oder Bild von Tieren am und im Wasser (z. B. Enten, Schwäne etc.)
Im Gespräch soll den Kindern verdeutlicht werden, daß Wasser für Enten, Schwäne und viele andere Vögel lebensnotwendig ist. Da aber das Wasser in Flüssen und Bächen sehr oft mit Öl verschmutzt ist, führen wir gemeinsam ein Experiment durch. Dazu werden einige Tropfen Motoröl und die Federn in eine Wasserglas gegeben. Die Folgen dieses Experimentes für die Tiere müssen unbedingt mit den Kindern erarbeitet werden.

„Was tun wir jetzt mit dem Wasser? Schütten wir es in die Spüle, ... oder? Besser wäre die Konsequenz: Altöl zur Tankstelle usw..

Den Blumen geht es ähnlich. Können sie in verschmutzten Gewässern leben?

(Tina Haller / Angelika Roth-Kaltenbacher)

Aus dem Nest gefallen

Alle Rechte beim *IMPULSE*-Musikverlag   4406 Drensteinfurt

Text: Rolf Krenzer   Musik: Ludger Edelkötter

Junger Buchfink   fiel aus dem Nest.

Wärmte   ihn zwischen den   Händen. Fing

Mücken für ihn und   hoffte   fest,

könnte sein Schicksal   wenden.   Fing

Mücken   für   ihn und   hoffte fest,

könnte sein Schicksal   wenden.

2. Sperrte sein gelbes Schnäbelchen weit.
   Piepste. Ich weinte vor Traurigkeit.
   Junger Buchfink fiel aus dem Nest.
   Starb mir zwischen den Händen.
   Junger Buchfink fiel aus dem Nest.
   Starb mir zwischen den Händen.

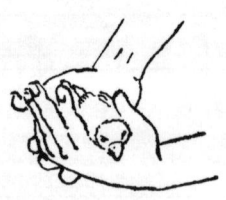

Aktionsvorschlag

Aus dem Nest gefallen (Junger Buchfink fiel aus dem Nest)

Wenn Kinder ein totes Tier finden, sind sie erschüttert und traurig. Aber das ist ein Tod, der in der Natur immer wieder geschieht, an dem wir Menschen nichts ändern können . . . im Gegensatz zu dem Tod vieler Tiere, die von uns Menschen auf schlimmste Art umgebracht werden.

Es muß sich nach dem Aufnahmevermögen, nach dem Alter und nach der Verarbeitungsmöglichkeiten der jeweiligen Kinder in der Gruppe richten, ob das, was mit Versuchstieren usw. geschieht, angesprochen werden kann, auch Hühner in der Legebatterie usw.

Finden wir ein totes kleines Tier, graben wir ihm ein Grab.

Rolf Krenzer

103

Der kleine Buchfink

Die jungen Buchfinken waren ausgeschlüpft, und die Vogeleltern versorgten sie mit Futter. Aber den Buchfinken ging das nicht schnell genug. Sie sperrten ihre Schnäbelchen auf und piepsten erbärmlich. Sie hatten so großen Hunger.
Einem kleinen Buchfinkenjungen dauerte die Sache viel zu lang. Er drängte sich bis an den Nestrand. Von hier aus konnte er zuerst sehen, wenn die Vogelmutter wieder mit Futter ankam.
Aber das war ihm noch nicht genug. Deshalb kletterte er am Nest hoch und stand schließlich auf dem Nestrand.
Das hätte er nicht tun sollen. Er schlug ein wenig ungeschickt mit seinen Flügeln. Schon passierte es. Der kleine Buchfinkjunge stürzte vom Nestrand hinunter auf die Erde.
Da saß er nun und piepste jämmerlich.
Zum Glück kam jetzt die Vogelmutter angeflogen. Sie hörte das Piepsen und merkte sogleich, daß etwas passiert war. Da entdeckte sie auch den kleinen Piepmatz auf der Erde.
Sie flog zu ihm hinunter und gab ihm einen kleinen Stoß. Er sollte ins Nest zurückfliegen. Doch der kleine Vogel war sehr ängstlich. Er flatterte zwar ein bißchen mit seinen Flügeln. Aber fliegen wollte er nicht.
Ängstlich und klein hockte er vor der Mutter auf der Erde.
Wenn der kleine Vogel hier sitzen blieb, mußte er jämmerlich zugrunde gehen.
Die Vogelmutter versuchte es wieder. Sie hüpfte um ihr Vogelkind herum, flog ein Stückchen, kam sogleich wieder zurück und gab ihm wieder einen Stoß.
Noch immer wagte es der kleine Vogel nicht.
Da stupste die Mutter noch fester.
Endlich breitete der kleine Vogel seine Flügel aus. Er versuchte zu starten. Es gelang ihm nicht.
Er versuchte es noch einmal und noch einmal.
Da klappte es plötzlich. Ungeschickt und tollpatschig flatterte er los.
Mit klopfendem Herzen landete er wirklich im Nest bei den anderen Vogelkindern.
Jetzt kam auch der Vogelvater herangeflogen und brachte neues Futter.

Da sperrte der kleine Piepmatz bereits schon wieder sein Schnäbelchen auf und piepste am allerlautesten.

Rolf Krenzer

Der Vogel, der aus dem Nest fiel

Inhalt
Es wurde beobachtet, daß ein kleiner Vogel aus dem Nest fiel und mit Hilfe der
Vogelmutter wieder zurück ins Nest gelangte. Diese Szene wurde zu einem
Spiel ausgearbeitet.
Mindestens ein Sprecher, die Vogelmutter, zwei Vogelkinder; darüberhinaus so
viel, wie mitspielen wollen.

Spieldauer
ca. 10 Minuten

Mögliche Spielform
Spiel im Kreis und im Halbkreis,
Spiel auf der Bühne
Puppenspiel mit Spieltieren
Hörspiel.

Bühnenbild
Hintergrund: Gemeinschaftsarbeit, die einen großen Wald darstellt. Dazu
Sonne (gelber Plakatkarton ausgeschnitten) vor dem Gesicht oder vor dem
Körper), Bäume (aus Pappe geschnitten und beklebt oder angemalt), Nest
(Gymnastikreifen). Nest, Bäume und Sonne können auch von den Kindern pan-
tomimisch dargestellt werden. Besonders das Nest eignet sich hierfür: Enger
Kreis, alle halten sich an den Händen fest und sitzen auf dem Boden, auf den
Knien oder in der Hocke.

Requisiten
sind nicht nötig.

Kostüme
sind nicht nötig, können aber angedeutet werden, z. B. Feder im Haar, auch
bunte Vogelkleider aus Kreppapier oder bunten Stoffen, eventuell auch Schnä-
bel aus Pappe, die mit einem Band vor die Nase gebunden werden.

Orchester
Verfügbare Melodieinstrumente (Erzieher), Rhythmusinstrumente (Kinder).

Hinweise zur Hörspielbearbeitung
Immer wieder Vogelgezwitscher einbauen. Alles, was optisch dargestellt werden kann, muß beim Hörspiel in das Akustische übertragen werden, d.h. es
müssen entsprechende Geräusche produziert werden. Manchmal muß der Erzähler die Situation noch deutlicher beschreiben.

Praktische Vorbereitungen
Anregungen für die Spieler: Großes Bild vom Wald malen; Sonne, Bäume aus-
schneiden, bekleben, bemalen; probieren, wie man am besten pantomimisch
ein Nest darstellt; Begleitung der Lieder durch Klatsch- und Stampfrhythmen,
Einsatz von Orff-Instrumenten: Welche Instrumente passen am besten zu dem
Spiel?

1. Das ist die Vogelmutter.
   Sie fliegt stets hin und her.
   Sie bringt den Jungen Futter.
   Die wollen immer mehr.
   Und wir singen piep, piep, piep,
   wir sind so klein und sind so lieb.
   Wir sind so klein und sind so lieb,
   und wir singen piep, piep, piep.

2. Was tun wir so gerne   (Volksweise/Text: G. Kortenbruck/R. Krenzer)

Was tun wir so ger-ne hier im Nest? Sin-gen, sin-gen la-la-la, singen, singen la-la-la. Das tun wir so ger-ne hier im Nest.

3. 1, 2, 3! So ist's fein!

1, 2, 3, so ist's fein! Flieg zu uns in's Nest her-ein!

4. Versuch's noch mal!

Ver-such's noch mal, versuch's noch mal, es klappt be-stimmt beim nächsten-mal.

5. Wir freuen uns

Wir freu-en uns, wir freu-en uns, jetzt sind wir al-le - da-! Wir freu-en uns, wir freu-en uns, jetzt sind wir al-le da-!

Spieltext

SPRECHER
An einem schönen Tag ging ich in den Wald. Die Sonne schien. Ich kam zu einem alten, schönen Baum. Weil ich vom Spazieren- gehen müde geworden war, ruhte ich mich unter dem Baum aus.
Vogelgezwitscher.

SPRECHER
Was zwitschert denn da?
Vogelgezwitscher.

SPRECHER
Es muß ganz nah sein.
Vogelgezwitscher.

SPRECHER
(entdeckt nach kurzem Suchen das Vogelnest)

Ja, hier ist ein Vogelnest!

VOGELMUTTER
Hallo, du! Komm nicht zu nah!

SPRECHER
Hallo, Vogel!

VOGELMUTTER
Komm nicht so nah, sonst störst du sie!

SPRECHER
Wen störe ich?

VOGELMUTTER
Stell dich auf die Zehenspitzen, dann kannst du in das Nest hin- einsehen!

SPRECHER
Wer ist denn in dem Nest?

VOGELKINDER

Wir, die Vogelkinder!

ALLE

(singen)

2. Da sitzt die Vogelmutter.
Sie fliegt stets hin und her.
Sie bringt den Jungen Futter.
Die wollen immer mehr.

VOGELKINDER

(singen)

Und wir singen piep, piep, piep,
wir sind so klein und sind so lieb.
Wir sind so klein und sind so lieb,
und wir singen piep, piep, piep.

SPRECHER

Richtige kleine Vogelkinder!

VOGELMUTTER

*Aber jetzt darfst du uns nicht län-
ger stören! Ich muß wieder Futter-
holen. Die Kleinen sind schreck-
lich hungrig!*

SPRECHER

(zum Publikum)

*Seht, jetzt spricht die Vogelmut-
ter mit ihren Kindern!*

VOGELMUTTER

*Ich fliege in den Wald. Dort su-
che ich Futter für euch. Bleibt im
Nest! Ihr könnt noch nicht allein
fliegen. Wenn ihr herausfallt, ist
das sehr gefährlich!*
Die Vogelmutter fliegt davon.

Die Vogelkinder sitzen im Nest
und singen:

3. Was tun wir so gerne hier im Nest?
Singen, singen, lalla,
singen, singen lalala.
Das tun wir so gerne hier im Nest.

Was tun wir so gerne hier im Nest?
Flöten, flöten, tütütü,
flöten, flöten, tütütü.
Das tun wir so gerne hier im Nest.

4. Was tun wir so gerne hier im Nest?
Zwitschern, zwitschern, tirili,
zwitschern, zwitschern, tirili.
Das tun wir so gerne hier im Nest.

Was tun wir so gerne hier im Nest?
Flattern, flattern, hin und her,
flattern, flattern, hin und her.
Das tun wir so gerne hier im Nest.

5. Was tun wir so gerne hier im Nest?
Warten, bis die Mutter kommt,
Warten, bis die Mutter kommt.
Das tun wir nicht gerne hier im Nest.

Was tun wir so gerne hier im Nest?
Fressen, was die Mutter bringt,
fressen, was die Mutter bringt.
Das tun wir so gerne hier im Nest.

VOGELKINDER

*Ich habe Hunger!
Ich habe Hunger!
Ich habe auch Hunger!
Hunger, Hunger!
Wir haben Hunger*

SPRECHER

*Oweh, die Vogelkinder haben
Hunger. Sie drehen ihre Köpf-
chen nach allen Seiten und
schauen, ob die Mutter kommt.
Da.*

Ein Vogel beugt sich ganz weit
aus dem Nest heraus.
Er sucht die Vogelmutter.
Noch weiter! Vorsicht!
Da!
Jetzt ist er aus dem Nest gefallen!

VOGELKIND
(kläglich herumhüpfend)
Piep, piep! Mutter! Mutter! Piep,
piep!
Vogelmutter fliegt herbei.

VOGELMUTTER
Jetzt ist es doch passiert!
Seid nicht traurig! Komm, wir lernen fliegen!
Die Vogelmutter zeigt dem Vogelkind die Flugbewegungen. Das
Vogelkind versucht es, aber es
will nicht klappen.

VOGELKINDER
(im Nest singen)
1, 2, 3!
So ist's fein!
Flieg' zu uns ins Nest herein!
1, 2, 3,
Flieg' allein!
Flieg' zu uns ins Nest hinein!
Danach klatschen alle den
Rhythmus des Liedes, um das

Vogelkind anzuspornen.
Die Vogelmutter scheucht ihr
Kind: Sch, sch, sch . . .

VOGELKINDER
(im Nest singen)
Versuch's noch mal,
versuch's noch mal!
Es klappt bestimmt beim
nächstenmal.
Versuch's noch mal,
versuch's noch mal!
Es klappt bestimmt beim
nächstenmal.
Das Vogelkind wird immer sicherer, und dann fliegt es mit seiner
Mutter in das Nest zurück.

Alle
(singen)
Wir freuen uns, wir freuen uns,
jetzt sind wir alle da!
Wir freuen uns, wir freuen uns,
jetzt sind wir alle da!

SPRECHER
So ist das Vogelkind wieder zurück in sein Nest gekommen.
(singt mit allen)
Wir freuen uns, wir freuen uns,
der Kleine hatte Glück.
Wir freuen uns, wir freuen uns,
er flog ins Nest zurück.

Noch ist Zeit

Alle Rechte beim *IMPULSE*-Musikverlag   4406 Drensteinfurt
Text: Rolf Krenzer   Musik: Ludger Edelkötter

Spielanleitung

Zu dem Kanon können folgende Gesten und Bewegungen ausgeführt werden. Dabei ist darauf zu achten, daß die Gesten und Bewegungen sehr ruhig gestaltet werden.

Bäume sterben leise
    (Wir sitzen auf unseren Stühlen oder stehen bewegungslos im Kreis)
und es weint, es weint der Wind.
    (Wir stehen auf und wiegen uns leicht hin und her)
Noch ist Zeit! Noch ist Zeit!
    (Wir halten beide Hände ausgestreckt vor uns)
Noch ist Zeit, mein Kind!
    Wir fassen uns an den Händen, gehen in die Mitte und bilden einen großen Baum)

Das Lied kann im Kindergarten und im 1./2. Schuljahr als Rundgesang einge-setzt werden.
Rolf Krenzer

Am Rande eines Weges

Am Rande eines Weges hatten Kinder ein Bäumchen gepflanzt. Es war noch klein; aber es hatte schon seine Wurzeln ins Erdreich geschlagen und wurde größer.

Eines Tages ging ein Mädchen vorüber. Es riß ein Blättchen ab und warf es weg. Wozu habe ich wohl dieses Blatt abgerissen? überlegte es. Aber bald war es mit seinen Gedanken schon wieder bei anderen Dingen.

Nicht lange danach kam ein Junge den Weg entlang, brach einen kleinen Zweig ab und dachte: Was macht das schon aus, solch ein Zweiglein? Es sind ja noch mehr daran.

Es dauerte eine Weile, da lief eine Ziege auf dem Weg daher. Sie knabberte an den Zweigen herum, fraß ein Stück Rinde und trabte weiter.

Nun fuhr ein Radfahrer den Weg entlang. Er wollte ein wenig ausruhen und lehnte sein Rad an das Bäumchen. Dabei schürfte er etwas Rinde ab.

Ein wenig später spazierte ein großer Junge vorbei, der ein neues Taschenmesser bekommen hatte. Ob mein Messer wohl scharf genug ist? Gerade an diesem Bäumchen wollte er es probieren. Mit einem Schnitt trennte er die Krone ab und war zufrieden, daß sein Messer so schön scharf war. Das Bäumchen aber verdorrte.

Eines Tages kamen die Kinder, die das Bäumchen gepflanzt hatten, vorüber. „Seht nur, wie schade", sagten sie. „Ob hier keine Bäume wachsen können?"

Verfasser unbekannt

Methodische Hinweise

Wenn das Bäumchen reden könnte: − Danke, daß ihr mich an einen so schönen Platz gepflanzt habt! − Warum reißt du mir ein Blatt ab? Ich brauche es zum Atmen! − Warum reißt du mir ein Zweiglein ab? . . . − Wer dürfte eigentlich wissen, was er tut: − Mädchen − Junge − Ziege − Radfahrer − großer Junge?

Problemstellung:

Foto eines Baumes. Besser: Zu einem jungen Baum draußen gehen.

Erarbeitung:

Vorlesen der Geschichte. − Rollenspiel: In Szenen darstellen, was mit dem Bäumchen geschieht. Malen eines Baumes.

Sieben Blumen

Text: Rolf Krenzer   Musik: Ludger Edelkötter

Sieben Blumen auf dem Weg lagen dort ver—streut, abge —— rissen, fort-geschmissen, mußten sterben heut. Sieben Blumen waren erst gestern auf-ge-wacht. Mußten sterben, verderben nach der ersten Nacht.

(Fine)

Zwischenspiel

E   A   E   D   H   G   E♭   F

Einen ganzen Winter lang
tief im Land geborgen
warteten sie unterm Schnee
auf den Frühlingsmorgen.
Als die Sonne endlich konnt'
Licht und Wärme geben,
da erwachte überall
wieder neues Leben.

Es begannen Gras und Klee
wieder neu zu sprießen.
Und die Blumen wollten blühn
auf den grünen Wiesen.
Und als die Vögel kehrten heim,
haben froh gesungen,
da sind die Knospen gestern früh
freudig aufgesprungen.

Gestern früh noch blühten Sie,
um uns zu beglücken.
Einer kam und bückte sich,
um sie abzupflücken.
Sieben Blumen waren grad
wieder neu geboren.
Sieben Blumen wurden dann
auf dem Weg verloren.

Refrain: Sieben Blumen auf dem Weg
         lagen dort verstreut,
         abgerissen,
         fortgeschmissen,
         mußten sterben heut.
         Sieben Blumen waren erst
         gestern aufgewacht.
         Mußten sterben,
         verderben,
         nach der ersten Nacht.

114

Methodischer Hinweis

Sieben Blumen

Das Lied als Vortragslied angeboten, macht deutlich, wie sinnlos oft mit Pflanzen und der Natur umgegangen wird. Am Beispiel kann dem Kind bewußt gemacht werden, daß es dann, wenn es sinnlos Blumen abreißt, Leben zerstört.

Rolf Krenzer

Aktionsvorschlag

Blumen aus Papier schneiden, aufkleben; Blumen aus Servietten falten.
Aus farbigem Karton zwei gleichgroße Blüten ausschneiden, dazwischen einen Zahnstocher festkleben, den man grün anmalen oder mit grünem Seidenpapier umwickeln kann.
Im Context zu dem Lied „Wegwerfblumen" läßt sich auch das folgende Gedicht „Zum Geburtstag" einsetzen.

Zum Geburtstag (Geburtstagsblumen)

Ich wollte dir einen Strauß Blumen pflücken.
Ich sah sie so beim Vorübergehn.
Ich brauchte mich nur ein bißchen zu bücken,
aber dann ließ ich sie doch stehn.
Ich hätte gefragt, ob der Strauß dir gefällt.
Du hättest sie in die Vase gestellt,
und dann
irgendwann
wären sie gestorben,
verdorben
nach kurzer Zeit.
Und sie täten uns leid.

Ich bin ohne Blumen nach Hause gekommen,
hab' mir gleich Papier und Farben genommen
und malte für dich diese Blumen hier.
Gefallen sie dir auch so gut wie mir?

Magst du vielleicht auch Papierblumen leiden
oder haltbare Blumen aus festem Karton?
Dann werd' ich dir morgen ganz viele ausschneiden.
Und, glaub mir, dann hast du sehr viel davon!

Rolf Krenzer

Michaels Zaubergarten

„Du, ich habe zu Hause einen Zaubergarten!" *sagt Michael und stellt sich ganz nah neben Kristina, die dabei ist, Verena beim Apfelsinenschälen zu helfen.*
„Einen Zaubergarten?" fragt Kristina und blickt ihn erstaunt an. Michael nickt.
„Weißt du, wir haben doch keinen richtigen Garten, weil wir im Hochhaus wohnen. Und im sechsten Stock gibt es keinen Garten. Aber meine Mutti hat für unseren Balkon einen großen flachen Kasten gekauft. Den haben wir mit Blumenerde gefüllt."
„Aber das ist doch keine Zaubergarten!" meint Kristina. „Das ist ein richtiger Garten auf den Balkon. Wir haben auch so einen. Wir haben dort Blumen gesetzt. Sie blühen wunderschön!"
Michael schüttelt den Kopf. „Solch einen Garten meine ich nicht! Bei uns ist das ganz anders! Wir sind im Sommer an die See gefahren, und meine Mutti hat den Kasten mit der Blumenerde vergessen. Ehrlich, wir haben keinen Samen ausgesät und keine Blumen gepflanzt. Gar nichts. Wir haben den Kasten einfach vergessen."
„Na, dann pflanzt ihr eben jetzt noch ein paar Blumen dort hinein!" sagt Kristina.
„Brauchen wir doch gar nicht!" ruft Michael und lacht ganz laut." Unser Blumenkasten ist wirklich ein Zaubergarten. Es wächst dort ganz viel. Und keiner von uns hat etwas gesät."
Jetzt ist Kristina wirklich sehr verwundert.
„Ganz einfach!" sagt Michael. „Mein Vater hat mir alles erklärt. Der Wind hat den Samen durch die Luft getragen. Sogar bis hoch hinauf in unseren sechsten Stock. Und weil es soviel geregnet hat, war die Blumenerde in dem Kasten immer schön feucht. Da ist der Samen in unserem Blumenkasten aufgegangen. Und jetzt haben wir richtige kleine Pflanzen dort!"
„Du, das ist wirklich ein Zaubergarten!" sagt Kristina und legt den Arm um Michael.
Michael nickt. „Einfach so!" sagt er.

Rolf Krenzer

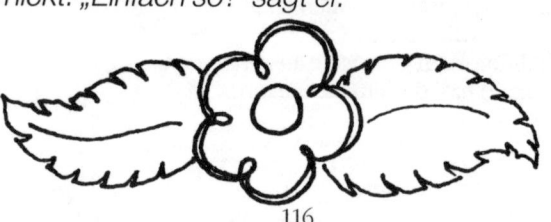

116

Lied vom kranken Feldmäuschen

Alle Rechte beim *IMPULSE*-Musikverlag   4406 Drensteinfurt
Text: Rolf Krenzer   Musik: Ludger Edelkötter

Mäuschen, Mäuschen, Mäuschen, was ist nur los?

Mäuschen, mein Mäuschen, was hast du bloß?

Blieb ich sonst beim Mäuschen ein-mal stehn,

huscht es schnell ins Häus-chen und

war nicht mehr zu sehn.

Mäuschen, Mäuschen, Mäuschen, was ist nur los?

Mäuschen, mein Mäuschen, was hast du bloß?

2. Mäuschen, Mäuschen,
was ist nur los?
Mäuschen, mein Mäuschen,
was hast du bloß?

Heute hockt das Mäuschen
still im Feld,
huscht nicht in sein Häuschen.
Sag mir was dich quält!

Mäuschen, Mäuschen,
was ist nur los?
Mäuschen, mein Mäuschen,
was hast du bloß?

3. Mäuschen, Mäuschen,
was tut dir weh?
Vergiftet waren die Körner,
vergiftet auch der Klee.

Methodischer Hinweis

Das Lied von der kranken Feldmaus

Kinder lernen am Beispiel eines solchen Liedes, daß es nützliche wie weniger
nützliche und sogar den Menschen schädliche Tiere gibt. Seuchen, die durch
Fliegen usw. übertragen werden, Stechmücken, Flöhe und anderes Ungeziefer
sind auch Kindern bekannt. Sie wissen auch von Tierplagen, z. B. Heuschrecken,
Ratten usw. Daß hier eine Feldmaus vergiftetes Futter fraß, war nicht beabsichtigt,
sollte uns aber immer wieder zun Nachdenken bringen, was wir mit der soge-
nannten Schädlingsbekämpfung u. a. anrichten.

Rolf Krenzer

Unser Baum

Alle Rechte beim *IMPULSE*-Musikverlag   4406 Drensteinfurt
Text: Rolf Krenzer   Musik: Ludger Edelkötter

Unser Baum vor unserm Haus breitet weit   so

weit die Äste aus, so mächtig und prächtig ist

un-ser Baum, ist der Baum vor un-serm

Haus. Zu-erst war un-ser Baum noch klein, das

werdet   ihr   ver-stehn,   dann

wuchs   er   in   den   Himmel rein, das

kann ein jeder sehn.

Refrain: Unser Baum vor unserm Haus
breitet weit, so weit, die Äste aus,
so mächtig, so prächtig, ist unser Baum,
ist der Baum vor unserm Haus.

1. Zuerst war unser Baum noch klein,
das werdet ihr verstehn,
dann wuchs er in den Himmel rein,
das kann ein jeder sehn.

Spielanleitung

Drei Spieler stellen den Baum dar. Sie hocken zuerst auf der Erde, dann erheben sie sich, bilden einen mächtigen Baum, wobei die Arme ausgebreitet werden und die Äste bilden.

2. Voll grüner Blätter ist der Baum,
sie schaukeln hin und her,
und bläst der Wind, ihr glaubt es kaum,
dann schaukeln sie noch mehr.

Spielanleitung

Die Spieler, die die Blätter darstellen, halten sich am Baum mit seinen Ästen fest.

3. Hoch in die Äste steigt ein Kind,
es schaukelt und es lacht,
weil ihm das Schaukeln dort im Wind
so viel Vergnügen macht.

Spielanleitung

Ein Kind klettert in den Baum hinauf, wird von allen geschaukelt. Danach kann ein zweites Kind hineinklettern.

4. Die Vögel fliegen ein und aus
im Baum vor unserm Haus,
und ruhen nachts im Mondenschein
auf seinen Zweigen aus.

Die Vögel fliegen herbei, lassen sich im oder neben den Baum nieder, fliegen wieder davon, umkreisen den Baum usw.

Ein Spieler stellt den Mond dar, der langsam vorbeigeht, wenn die Vögel schlafen.

5. Und ganz hoch oben im Geäst
   im Baum vor unserm Haus,
   dort bauen Vögel sich ihr Nest
   und brüten Junge aus.

Spielanleitung

Wird im Spiel dargestellt.

6. Schon schlüpfen junge Vögel aus,
   die Eltern füttern sie,
   da schleicht die Katze auch hinaus,
   doch sie erwischt sie nie.

Spielanleitung

Die Vögel fliegen fort und kommen zurück und füttern die Jungen im Nest. Eine Katze schleicht um den Baum herum und geht dann wieder.

7. Doch wenn die Vögel flügge sind
   im Baum vor unserm Haus,
   dann fliegt ein jedes Vogelkind
   weit in die Welt hinaus.

Spielanleitung

Die jungen Vögel probieren das Fliegen und fliegen dann los.

8. Doch wenn einmal der Sommer geht,
   dann welkt ein jedes Blatt,
   und wenn der kühle Herbstwind weht,
   dann sind sie müd und matt.

Die Spieler, die die Blätter darstellen, lassen die Köpfe sinken und ihre Arme hängen.

9. Sie lösen sich. Dann tanzen sie
   und wirbeln wild umher,
   sie fliegen und dann fallen sie
   zur Erde müd und schwer.

Spielanleitung

Die Blätter lösen sich vom Baum, schweben, tanzen usw., fallen zur Erde, ganz vorsichtig, wo sie ganz still liegenbleiben.

10. Seht nur, da traut sich eine Maus
    zu unserm Baum hinaus,
    sie sammelt Blätter für ihr Haus
    und polstert es sich aus.

Spielanleitung

Die Maus läuft hinzu, nimmt sich einige Blätter mit, die an einem etwas entfernteren Platz ein Haus bilden, in dem sich die Maus niederläßt.

11. Ein Igel, scheu und winzig klein,
    sucht, wo die Blätter sind
    er gräbt und kuschelt sich dort ein,
    sein Winterschlaf beginnt.

Spielanleitung

Der Igel kriecht ganz nah zu den Blättern, kuschelt sich dort ein, die Blätter legen sich ganz dicht um ihn herum, schützen und wärmen ihn, und der Igel schläft ein.

12. Das Eichhörnchen springt hin und her,
    doch Nüsse gibt's nicht mehr,
    da sucht es Blätter wie die Maus
    für sich zu Hause aus.

Das Eichhörnchen klettert zunächst in den kahlen Baum hinein, dann wendet es sich den Blättern zu und trägt sie wie die Maus nach Hause in seinen Kobel.

13. So steht der Baum vor unserm Haus.
    Er ist so kahl und leer.
    Der Wind, der Sturm, stößt mit Gebraus
    die Äste hin und her.

Spielanleitung

Die Äste des Baumes schwanken im Sturm hin und her.

14. Doch bald wird wieder Frühling sein,
    der Baum wiegt sich im Traum,
    die Vögel fliegen aus und ein,
    voll Blätter ist der Baum.

Spielanleitung

Neue Blätter sind da, die Vögel fliegen ein und aus, es ist wieder alles wie zu Beginn des Spieles.

Refrain: Unser Baum vor unserm Haus
         breitet weit die Äste aus
         so mächtig und prächtig
         ist der Baum vor unsern Haus.

Aktionsvorschlag

Freundschaftsbaum-Buch

Die Kinder aus der Kindergartengruppe, aus der Klasse oder der Nachbarschaft suchen sich in der Nähe einen Baum aus, der sie anspricht, der Ihnen gefällt. Mit ihm möchten Sie Bekanntschaft schließen und eine Freundschaft eingehen. Im FREUNDSCHAFTSBAUM-BUCH wird alles eingetragen, was es so über den Baum zu erzählen gibt und was der Baum erzählt.

Zusammen mit Erwachsenen messen die Kinder z.B. Stammhöhe, Stammumfang, die ganze Größe oder den Kronendurchmesser.
Das Alter des Baumes wird in Erfahrung gebracht.
Wie tief reichen seine Wurzeln wohl in die Erde.
Die Kinder zeichnen zu Beginn der Freundschaft gleich ihren Baumm... (oder Eltern machen ein Foto vom Baum und Kind).
Wo steht der Baum? Drohen ihm hier irgendwelche Gefahren?

Die Kinder beobachten zusammen mit den Erwachsenen den Baum übers Jahr. Sie besuchen ihn immer wieder.
Wann wachsen die ersten Blätter?
Wann sind die ersten Blüten zu sehen?
Welche Frucht bringt der Baum hervor?
Wem ist diese Frucht nützlich?
Wann fallen die ersten Blätter ab?
Wer ist dort alles bei dem Baum zu Gast?

Kinder können einen Rindenabdruck mit Gips von der Baumrinde machen, sie kleben einzelne Blüten und Blätter ins Baumbuch, sie zeichnen dorthin die Tiere, die im Baum wohnen.
So entsteht ein von den Kindern selbst geklebtes und gemaltes, erzählendes Buch. Jemand der schreiben kann, schreibt dann noch das Wichtige dazu, damit die Kinder auch wenn Sie größer werden, die Geschichte dieses ihres Baumes nachvollziehen können.
Die Beobachtungen können über Jahre hinweg erfolgen.
Bei Fruchtbäumen kann im Sommer ein Baumfrüchtefest gefeiert werden.

Hierzu das Lied „Du alter Baum, du bist mein Freund" in MC und Liedheft „Hast du etwas Zeit für mich" und das Lied: Ich möchte ein Apfelbäumchen sein aus „Hallo du im Nachbarhaus", Impulse-Musikverlag, 4406 Drensteinfurt.

Meditative Anregungen:

Es ist für die Kinder möglich, einmal selbst einen Baum zu spielen. Das Kind kann sich so hineinfühlen in dessen Werden und Sein. Gleichzeitig wird die Phantasie angeregt und ausgebildet. Jeder sucht sich selbst den Baum aus, den er darstellen will. Wichtig ist dazu ein ruhiger, ungestörter Raum und eine verbal stimmungsgerechte Anleitung mit gut angelegten und erfühlten Sprechpausen.

Die Kinder sollen zu Beginn zum Ruhigwerden eingeladen werden. Wer will, darf auch zu den meditativen Einheiten die Augen schließen. Es kann auch Musik zur Einstimmung angeboten werden.

Wir machen uns zu Beginn ganz klein und gehen in die Hocke. Ist dann Ruhe eingekehrt, beginnen wir mit der Anleitung:

Jeder von uns ist jetzt ein noch ganz kleiner Baum.
Mit der Zeit werden wir größer und größer.
Wir wachsen, ... die Sonne scheint ... oder es regnet ... wir wachsen.
Jeder darf so wachsen wie er will ... und wir werden größer und größer uns strecken unsere Äste immer mehr in den Himmel. Wir wachsen Tag und Nacht, bei Sonne und Regen ....
Bis wir ganz groß sind und mit beiden Beinen, mit allen Wurzeln ganz, fest dastehen.
Wir sind jetzt ein großer, fester starker Baum.
Wir lassen uns von der Sonne bescheinen.
Wir spüren in unseren Ästen einen ganz leichten Wind.
Er schaukelt uns hin und her.
Dann verdunkelt sich der Himmel, und es zieht ein Sturm auf.
Der Regen prasselt nur so nieder und klatscht auf unsere Äste, die Wurzeln und den Boden.
Der Sturm verzieht sich wieder ... er geht langsam wieder weg. Die Sonne kommt wieder hinter den Wolken hervor und lacht uns zu.
Die Vögel beginnen wieder zu zwitschern, sie singen tolle Lieder, ein Käfer krabbelt an unserem Stamm empor, ein Eichhörnchen kommt, klettert auf den Baum und springt von Ast zu Ast.

Wir schließen die Augen und gehen im Gedanken aus unserem Raum. Hinaus auf eine Sommerwiese.
Auf unserem Weg dorthin überqueren wir vielleicht sogar eine Straße.
Wir vergessen dort nicht, nach rechts und links zu schauen. Wenn frei ist gehen wir erst über die Straße.

In der Ferne sehen wir eine grüne, frische Sommerwiese.
Wir gehen dort hin.
Auf der Wiese steht ein Baum.
Wir gehen dorthin und umarmen ihn zur Begrüßung.
Wir legen uns unter diesem Baum ins Gras.
Wir spüren das Gras.

Wir riechen das Gras, die Blumen, die Wiese.
Wie sie frisch duftet.
Wir sehen Schmetterlinge vorbeifliegen.
Ein Hase hoppelt an uns vorbei.

Wir betrachten unseren Baum.
Da kommt ein Vogel und setzt sich in das Nest.
Und was tut sich noch???

Uwe Baumann

Anregungen
für
Basteleien

von Tina Haller und Angelika Roth-Kaltenbacher

Stifthalter aus Zeitungspapier

Material: – Klorollen
                 – Kartonscheibe rund
                 – Klebstoff
                 – Papier
                 – Lackfarbe
                 – Wasser, Stöckchen
                 – alte Wanne

Anleitung:
Um dem Stifthalter ein dekoratives Aussehen zu geben, stellen wir zuerst marmoriertes Papier her. Dazu füllen wir eine alte Wanne mit Wasser und geben einige Spritzer verschiedenartiger Lackfarbe auf das Wasser. Die Lackfarbe schwimmt jetzt darauf. Mit Hilfe eines Stöckchens vermischen und verteilen wir die Lackfarbe auf der Wasseroberfläche, so daß Muster entstehen. Nun nimmt man das Papier, legt es auf die Wasser-Oberfläche und zieht es wieder ab. Das Muster wird auf diese Weise auf das Papier übertragen – und das marmorierte Papier ist fertig.
Nun schneiden wir zwei oder drei Klorollen in unterschiedliche Höhen, eine Klorolle belassen wir in der ursprüngliche Größe.
Die Klorollen werden nun mit dem Marmorpapier umklebt. Ebenso beklebt damit wird die runde Kartonscheibe, auf welche wir nun mit Hilfe des Klebers die dekorativen Klorollen kleben.

Trommel

Material: – Waschmitteltonne
                 – Fensterleder oder starke Plastikfolie
                 – Schnur bzw. doppelseitiges Klebeband
                 – Stoffreste, Zeitschriften, Kataloge
                 – Wollknäul, Stock ca. 20-30 cm lang

Anleitung:
Zuerst wird die Waschmitteltonne entweder mit Stoffresten oder Schnipseln aus Katalogen und Zeitschriften beklebt. Danach wird ein Fensterleder bzw. eine starke Plastikfolie (Im Durchmesser 3 cm größer als die Tonne) zugeschnitten. Mit dem zugeschnittenen Leder (Plastik) bespannt man nun die Öffnung der Tonne. Mit Schnur oder mit einem doppelseitigen Klebeband wird das Leder (Plastikfolie) nun befestigt.
Um dann auch richtig trommeln zu können, umwickeln wir noch ein kleines Wollknäul mit einem Stoff und stecken dieses dann auf einen Stock. Mit einem Faden wird das ganze dann fest gebunden. und los gehts: bum ... bum ... bum ....

Drehtrommel

Material: – Käseschachtel (rund)
             – Rundholz, Stöcke
             – Holzperlen
             – Klebstoff
             – Farbe, Pinsel
             – Perlonfaden

Anleitung:
Um der Käseschachtel ein freundliches Aussehen zu geben, malen wir die Schachtel zuvor mit Wasser-, Piaka-, Finger- oder Wachsfarben an. Mit Hilfe einer Lochzange bzw. Schere bringen wir nun zwei Öffnungen, die sich gegenüberliegen, an.
Durch die Holzperlen ziehen wir nun den Perlonfaden. Wir verknoten abschliessend den Faden so, daß die Perlen nicht mehr hin- und herrutschen können. Ein Ende der Schnur legen wir nun in die Käseschachtel und verschließen diese mit Klebstoff oder Tesafilm.
Achtung: Die Schnur muß jedoch etwas kürzer sein als der Durchmesser der Schachtel.
Wenn wir den Stock durch die Öffnung schieben, können wir beginnen die Trommel lustig zu drehen.
Sollten die Löcher etwas zu groß geraten sein, können wir dies durch das Überkleben mit Tesa wieder beheben.

Schellenkranz

Material: – Karton
             – Kronkorken
             – Hammer und Nagel
             – Schnur
             – Klebstoff
             – Hefter

Anleitung:
Aus einem Karton schneiden wir einen etwas 2-3 cm breiten und . . . langen Streifen aus.
Diesen kleben wir zu einem Ring zusammen.
Als Verstärkung können wir den Ring noch mit dem Hefter festknipsen.
Jetzt werden mit Hammer und Nagel Löcher in die Kronkorken gestanzt.
Die Kronkorken werden auf eine Schnur aufgefädelt. (Die Schnur muß so groß wie der Ring sein), und mittels Heftapperat an ca. 4 Stellen am Ring befestigt.
An einer Stelle des Rings dürfen keine Kronkorken sein, um so den Schellenkranz (Tambourin) gut festhalten zu können).

Beweglicher Käfer auf einem Blatt

Material: — Karton
— Bindfaden
— Farbe
— Nußschale

Anleitung:
Zunächst schneiden die Kinder aus Karton ein Blatt aus und malen es grün an.
Am Anfang und am Ende des Blattes (ca. 1-2 cm vom Rand entfernt) werden für
den Bindfaden 2 Löcher mit einer Nadel gestochen.
In die Nußschale bohren wir ebenfalls an den Enden je zwei Löcher und ziehen
einen Bindfaden hindurch. Dieser Bindfaden wird ebenfalls durch das Blatt gezogen und hinten verknotet. Fertig ist unser „Glückskäfer", der durch ziehen
am Bindfaden über das Blatt laufen kann.

Fisch im Wasser (wie Käfer)

Material: — Käseschachteldeckel rund
— Farbe
— Karton
— eventuell Seidenpapier

Anleitung:
Der Fisch wird aus Karton hergestellt.
Anstatt des Blattes dient jetzt die Käseschachtel als Teich. Die Käseschachtel
kann bemalt oder mit blauem Seiden- oder Transparentpapier beklebt werden.
Den Rand können wir noch mit grünen Kartonstreifen als Gräser bekleben . . .

Buttons aus Kronkorken

Material: — Kronkorken
— Plakafarben
— dünne Pinsel
— Anstecknadeln (gibts in jedem Bastelgeschäft)
— Metallkleber

Anleitung:
Die Oberfläche der Kronkorken wird mit Plaka-Farbe von den Kindern bemalt.
Die Anstecknadel wird mit Hilfe des Metallklebers an der Innen-Seite des Kron-
korkens befestigt.
Fertig ist das Schmuckstück aus Müll.

Papierkörbe aus alten Dosen

Material: — große Dosen (v. Gaststätten etc.)
— Lackfarbe
— Draht
— Hammer und Nagel

Anleitung:
Die Dose wird mit Lackfarbe bunt bemalt. Mit Hammer und Nagel werden auf gleicher Höhe je 2 Löcher im Abstand von 5 cm in die Dose geschlagen. Löcher in diesem Abstand schlagen wir oben und unten am Dosenrand.
Der Draht wird durch die Löcher gezogen und am Gartenzaun, Baum, Holzzaun, etc. . . . im Freien befestigt.
Noch ein Tip: Auch bereits vorhandene Mülltonnen sehen mit Lackfarbe bemalt bestimmt lustiger aus . . . .

Musikhaus

Material: — alte Bretter
— Bindfaden
— alle Arten von Müll, das sich zum Bau von Instrumenten eignet
— alte Dosen, Deckel, Töpfe

Anleitung:
Die Bretter werden zu einem Haus zusammengenagelt oder gebunden. Die verschiedenen Instrumente, die aus wertfreiem Material oder Müll hergestellt wurden, hängt man nun in unterschiedlicher Höhe mittles einem starken Bindfaden in dieses Haus.
Nun können die Kinder mit einem Stock die verschiedenen Instrumente betätigen und musizieren.
Im Freien läßt sich dies auf die gleiche Art und Weise als „Musikbaum" verwirklichen.

Schellenbaum

Material: — 1 Ast
— Kronkorken
— Bindfaden
— Stoffreste, Stoffstreifen, o. Wollreste

Anleitung:
Zuerst werden mit Hammer und Nagel Löcher in die Kronkorken gestanzt. Danach werden immer ca. 7 Kronkorken auf einen Bindfaden aufgefädelt. Diese werden nun an den unterschiedlichsten Stellen am Ast festgebunden. Damit der Schellenbaum bunter wird, nimmt man entweder Wollreste oder geflochtene Stoffstreifen und gestaltet den Ast damit aus. Stampft man nun in einem bestimmten Rhythmus mit dem Schellenbaum auf den Boden, so erklingt ein Schellenbaumkonzert . . .

Bei uns im Kindergarten wohnt der Müllfritz

Material: − Müll, Müll, Müll
           − Dosen, Lumpen, Töpfe, alte Kleider, alte Hüte, alte Schuhe, Bretter

Anleitung:
Da unser Müllfritz im Freien stehen will, schlagen wir einen alten Pfosten in den Boden. (in die Erde)
An das obere Drittel des Pfostens nageln wir eine Querlatte.
Und nun geht es los: Mit Kleidern, Lumpen, Dosen, etc. wird unser Müllfritz angekleidet und verschönert.

Viel Spaß!

Papierkorb aus Zeitungen

Material: − alte Zeitungen
           − Kleister
           − Karton

Anleitung:
Wir beginnen diesen Papierkorb, indem wir je 2 Doppelseiten Zeitungspapier in ca. 6 cm breite Streifen faltet und verkleistert, damit sie fester werden.
Für den Boden des Papierkorbes schneiden wir nun 2 gleich große runde Scheiben (Durchmesser ca. 30 cm) aus Karton aus.
Zwischen diese beiden klebt man nun ca. 7 Papierstreifen (je nach Größe der Böden). Die anderen Streifen kleben wir nun zu Ringen im ∅ des Bodens. nun stellen wir die Streifen nach oben und legen den ersten Ring darüber, und zwar so, daß immer ein Streifen innen und 1 Streifen außen am Rand hochgehen. Die weiteren Ringe werden auf die gleiche Art eingelegt − jedoch versetzt, so daß eine Web- oder Flechttechnik zustande kommt. Hat der Papierkorb die gewünschte Höhe erreicht, so schieben wir die überstehenden Streifen von innen nach außen und die äußeren nach innen. So entsteht ein ordentlicher Randabschluß.
Der Papierkorb wird größer oder kleiner je nach Größe des Bodens und der Anzahl der Ringe oder Streifen.

Kleisterrassel

Material:
- 1 Klorolle
- 1 Luftballon
- 1 Zeitungspapier
- Alte Kataloge oder Zeitschriften
- Kleister, Steinchen und Sand

Anleitung:
Zuerst wird der Luftballon aufgeblasen (Vorsicht! ... das ganze nicht zu groß ...) und mit dem Knotenteil in die Klorolle gesteckt. Nun umkleistern wir den Luftballon und die Klorolle und kleben mehrere Schichten Zeitungspapierstücke darauf.
Die Öffnung der Klorolle bleibt solange offen, bis die Klorolle und der umkleisterte Ballon trocken sind. Wir bringen nun den Luftballon zum Platzen und füllen Sand und Steinchen in die hartgewordene Rassel. Die Klorollenöffnung wird nun auf die selbe Art und Weise wie oben mit Zeitungspapier und Kleister geschlossen. Um der Kleisterrassel ein schönes Aussehen zu geben, gibt es mehrere Möglichkeiten.
Ein Gestaltungsvorschlag wäre, aus alten Katalogen viele Schnipsel eines selben Farbtones (z.B. blau) auszureißen und mit Kleister auf die Rassel zu kleben. So entsteht z.B., eine blaue Rassel in den verschiedensten Blautönen. Bei diesem Gestaltungsvorschlag wird ausschließlich mit wertfreiem Material bzw. Müll gearbeitet.
Auf diese Art und Weise können wir Glühbirnenrasseln, Klorollenrasseln, Rasselbecher und Dosenrasseln z.B. für unsere Flohmarktband gestalten.

Puzzle Müllwagen

Material:
- Sperrholzreste (30 cm x 20 cm) (2x)
- Laubsäge/Sägeblätter rund
- 4 Leisten 2 – 30 cm, 2 – 20 cm
- Holzleim
- Schleifpapier
- Wasserfarbe
- Lack

Anleitung:
Auf einer Sperrholzplatte wird von den Kindern das Motiv aufgemalt. Mit Hilfe der Laubsäge sägen die Kinder nun die Platte in einzelne Puzzle-Teile (Je nach Schwierigkeitsgrad – größere oder kleinere Teile).
Danach werden die Puzzleteile abgeschliffen und lackiert. Die 4 Leisten werden jetzt mit Holzleim an die äußeren Kanten der 2. Sperrholzplatte geklebt.
Die Puzzleteile werden zum Müllwagen auf der 2. Sperrholzplatte zusammengesetzt.

Schatzgläser

Material: − Aletegläser mit Deckel
  − Wasserfarbe/Pinsel
  − Material zum Füllen (Schätze der Kinder)

Anleitung:
Die Gläser werden mit Farbe bemalt und jedes Kind kann seine persönlichen
Schätze wie Muscheln etc. darin aufbewahren.

Wir erstellen eine Collage

Material: − Kataloge
  − Klebstoff
  − Karton
  − Farbe

Anleitung:
Die Kinder schneiden aus alten Katalogen viele Dinge aus.
Diese werden dann zu einem Müllberg auf dem Karton aufgeklebt. Mit grauer
Wasserfarbe wird mit einem Pinsel auf dem Müllberg Farbe gespritzt, so daß
dieser ein schmutziges Aussehen erhält.
Ebenfalls aus Katalogen werden nun Kinder ausgeschnitten, welche unterhalb
und um den Müllberg geklebt werden. Es entsteht ein Bild, wie wenn Kinder
vor einem riesigen Müllberg stehen und an ihm hochschauen.
Mit den Kindern kann hinterher ein Gespräch über die Collage geführt werden.

Müllmonster

Material: − Luftballon
  − Zeitungspapierstücke
  − Kleister
  − Klorollen, Wellpappe, Joghurtbecher, Korken, Woll-
    Stoffreste, etc. Eierkarton

Anleitung:
Der Luftballon wird groß aufgeblasen und anschließend mit Zeitungspapier-
stückchen und Kleister mehrmals umklebt. Ist der Luftballon getrocknet,
schneidet man die Öffnung an der Unterseite so groß, daß der Kopf des Kindes
hineinpaßt. Außerdem werden die Öffnungen für Augen, Nase, Mund heraus-
geschnitten.
Nun kann der Kopf ausgestaltet werden. Der Phantasie sind dabei keine Grenzen
gesetzt. Unser Vorschlag wäre: Mund aus Eierkarton, Nase aus Joghurtbecher,
Ohren aus Wellpappe, Augenbrauen aus aneinandergeklebten Korken, Haare
aus Stoff- und Wollresten.

Musikkassetten, Schallplatten, CDs, Bücher und Liedhefte
von **Ludger Edelkötter** für Kinder

Spiellieder

Ich gebe Dir die Hände   IMP 1017

Mit Kindern unsere Umwelt schützen   IMP 1030

Hast Du etwas Zeit für mich   IMP 1024

Du, ich geh einfach auf Dich zu   IMP 1035

Stacheligel haben's gut   IMP 1040

Guten-Tag-Lieder   IMP 1043

Das gibt's bei uns zu Hause nicht   IMP 1013

Jahreszeitenlieder

Der Sommer schmeckt wie Himbeereis   IMP 1041

So schön ist es im Sommer   IMP 1042

Wenn die Eisblumen blühen   IMP 1038

Hallo Du im Nachbarhaus   IMP 1018

Das kleine Singspiel

Die kleine Raupe Nimmersatt   IMP 1039

Vorhang auf zur Zahlenwahl   IMP 1032
Theaterstück mit Spielliedern

Partymusik für Kinder

Knallbonbon   IMP 1031

Musikalische Meditationen

Komm mit zur Quelle   IMP 1037

Mit der Phantasie auf Reisen gehen

Mit Kindern auf dem Weg in die Stille
Arbeitsbuch zu „Komm mit zur Quelle"

Leben   IMP 1023

Religiöse Kinderlieder

Weil du mich so magst   IMP 1036

Religionsunterricht/Katechese im
Spiegel religöser Kinderlieder

Biblische Spiellieder zum äthiopischen
Misereor-Hungertuch   IMP 1009

Biblische Spiellieder zum
Misereor-Hungertuch aus Haiti   IMP 1015

Halte zu mir heute guter Gott   IMP 1021

Freude bricht auf   IMP 1013

Wir feiern heut' ein Fest   IMP 1022

Weihnachtslieder

Uns ist ein Licht aufgegangen   IMP 1014

… dann darfst Du Weihnachten begeh'n   IMP 1025

Kinderlieder – Krippenspiele   IMP 1027

Bald schon ist Weihnachten   IMP 1044

Bestellungen:

Jede gute Buchhandlung oder direkt bei:

IMPULSE-Musikverlag Ludger Edelkötter
Natorp 21, 4406 Drensteinfurt
Telefon 0 25 08 - 6 73
Telefax 0 25 08 / 93 88